생생화보로 배우는
고래사전

생생화보로 배우는
고래사전

초판 인쇄 2024년 2월 15일
초판 발행 2024년 2월 22일

지은이 콘텐츠랩
펴낸이 진수진
펴낸곳 굿키즈북스

주소 경기도 고양시 일산서구 대산로 53
출판등록 2013년 5월 30일 제2013-000078호
전화 031-911-3416
팩스 031-911-3417

*본 도서는 무단 복제 및 전재를 법으로 금합니다.
*가격은 표지 뒷면에 표기되어 있습니다.

생생화보로 배우는
고래사전

차례

- 귀신고래 · 6
- 긴수염고래 · 8
- 대왕고래 · 10
- 밍크고래 · 12
- 보리고래 · 14
- 브라이드고래 · 16
- 혹등고래 · 18
- 남방참고래 · 20
- 북극고래 · 22
- 향유고래 · 24
- 쇠향고래 · 26
- 일각돌고래 · 28
- 흰고래 · 30
- 망치고래 · 32
- 북방병코고래 · 34
- 허브부리고래 · 36
- 혹부리고래 · 38
- 은행이빨부리고래 · 40
- 끈모양이빨고래 · 42
- 큰이빨부리고래 · 44
- 민부리고래 · 46
- 머리코돌고래 · 48
- 칠레돌고래 · 50
- 히비사이드돌고래 · 52
- 헥터돌고래 · 54
- 긴부리참돌고래 · 56

- 짧은부리참돌고래 · 58
- 큰코돌고래 · 60
- 대서양낫돌고래 · 62
- 흰부리돌고래 · 64
- 낫돌고래 · 66
- 홀쭉이돌고래 · 68
- 흰배돌고래 · 70
- 이라와디돌고래 · 72
- 범고래 · 74
- 범고래붙이 · 76
- 고양이고래 · 78
- 꼬마돌고래 · 80
- 혹등돌고래 · 82
- 알락돌고래 · 84
- 스피너돌고래 · 86
- 줄무늬돌고래 · 88
- 뱀머리돌고래 · 90
- 큰돌고래 · 92
- 남방큰돌고래 · 94
- 양쯔강돌고래 · 96
- 아마존강돌고래 · 98
- 상괭이 · 100
- 쥐돌고래 · 102
- 까치돌고래 · 104

01 귀신고래

분 류
동물계 > 척삭동물문 > 포유류강 > 귀신고래과

사 는 곳
한국, 일본, 중국, 미국 서부 등 북태평양 해역

크 기
몸길이 13~16미터

먹 이
새우, 바다벼룩, 물고기 알, 작은 물고기 등

'쇠고래', '회색고래'라고도 합니다. 한국, 일본, 중국, 미국 서부 등 북태평양 해역에 분포하지요. 한 마리 또는 10마리 안팎의 개체가 무리지어 이동하는데, 그 거리가 1만5천~2만 킬로미터에 이릅니다. 한 시간에 10킬로미터 남짓 이동하는 속도에 비하면 엄청난 활동 범위를 보이는 것이지요.

귀신고래는 몸길이 13~16미터에, 몸무게가 32~45톤이나 됩니다. 몸 색깔은 전체적으로 검푸른 빛을 띠며, 몸 곳곳에 따개비와 굴 등이 붙었다가 떨어져 나간 흰색의 둥근 자국이 흉터처럼 보이지요. 또한 등지느러미가 없고, 몸에 비해 작은 가슴지느러미와 꼬리지느러미를 가졌습니다. 아치 모양의 입 양쪽에는 130~180개의 수염판이 나 있지요.

귀신고래 암컷은 2~3년에 한 번씩 1~2마리의 새끼를 낳습니다. 그리고 7개월 정도 젖을 먹여 키우지요. 평균 수명은 50~60년이고요. 주요 먹이는 새우, 바다벼룩, 물고기 알, 작은 물고기 등입니다. 수염판을 이용해 하루에 1천500킬로그램 안팎의 먹이를 먹습니다.

02 긴수염고래

분 류
동물계 〉 척삭동물문 〉 포유류강 〉 긴수염고래과

사는곳
전 세계 바다

크 기
몸길이 21~27미터

먹 이
작은 물고기, 크릴, 새우, 오징어 등

'큰고래', '참고래'라고도 합니다. 해양 포유류 가운데는 대왕고래 다음으로 몸집이 크다고 알려져 있지요. 몸길이 21~27미터에, 몸무게도 70톤 안팎에 이릅니다. 몸의 형태는 길고 날씬한 유선형이며, 몸 색깔은 전체적으로 어두운 회갈색을 띠지요. 등에 비해 배 부분은 색이 옅어 흰색에 가깝습니다. 아울러 60센티미터 정도 되는 등지느러미를 갖고 있고, 2쌍의 숨구멍이 있지요.

긴수염고래는 전 세계 바다에 두루 분포합니다. 대형 고래 종류 가운데 헤엄 속도가 가장 빨라 시속 35킬로미터에 달하지요. 하지만 평소에는 시속 5킬로미터 안팎으로 헤엄칠 때가 많습니다. 주요 먹이는 작은 물고기, 크릴, 새우, 오징어 등이지요. 바닷물과 먹잇감을 한꺼번에 들이켰다가 수염판을 통해 걸러내는 방식으로 먹이 활동을 합니다.

긴수염고래 암컷은 2~3년에 한 번씩 1~2마리의 새끼를 낳습니다. 임신 기간은 11~12개월이고, 6~7개월 정도 젖을 먹여 새끼를 키우지요.

03 대왕고래

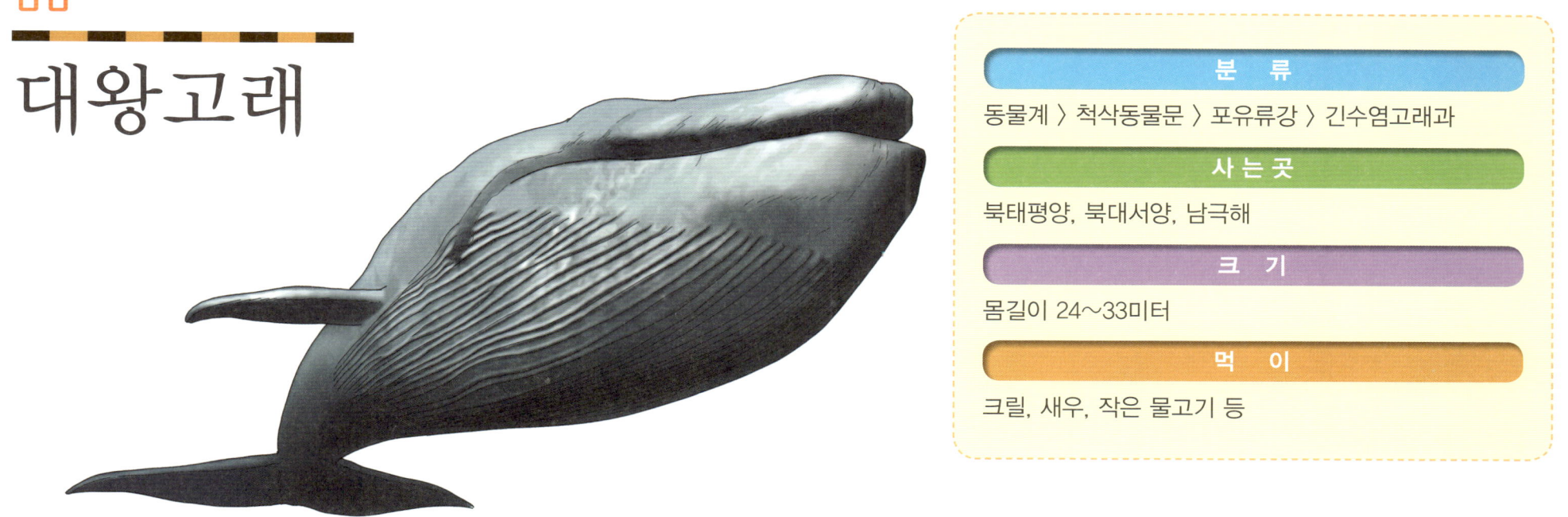

분 류
동물계 > 척삭동물문 > 포유류강 > 긴수염고래과

사 는 곳
북태평양, 북대서양, 남극해

크 기
몸길이 24~33미터

먹 이
크릴, 새우, 작은 물고기 등

'흰긴수염고래', '청고래'라고도 합니다. 지구상의 모든 동물 가운데 몸집이 가장 거대하지요. 몸길이 24~33미터에, 몸무게도 120~160톤에 달합니다. 몸의 지방층만 해도 30톤이 넘는다고 하는데, 그럼에도 유선형 체형을 가져 물속을 헤엄치는 데는 아무런 문제가 없습니다. 몸 색깔은 전체적으로 얼룩덜룩한 청회색을 띠지요.

그밖에 대왕고래의 겉모습을 살펴보면 넓고 납작한 머리에 270~395개의 수염판이 있습니다. 아울러 꼬리지느러미와 가까운 자리에 30센티미터 안팎의 등지느러미가 있으며, 자유롭게 팽창하고 수축하는 55~88개의 목주름도 보이지요. 고래의 수염판과 목주름은 모두 먹이 활동에 도움이 됩니다.

대왕고래는 북태평양, 북대서양, 남극해에 주로 분포합니다. 암컷은 2~3년에 한 번씩, 1년 안팎의 임신 기간을 거쳐 대부분 1마리의 새끼를 낳지요. 갓 태어난 새끼라고 해도 몸길이가 약 7미터나 됩니다. 또한 대왕고래는 평균 수명이 100년에 가까운 것으로 알려져 있습니다.

04 밍크고래

분 류
동물계 〉 척삭동물문 〉 포유류강 〉 긴수염고래과

사 는 곳
태평양 연안을 중심으로 한 세계 각지

크 기
몸길이 7~9미터

먹 이
새우, 동물성 플랑크톤, 작은 물고기, 오징어 등

'밍키고래', '쇠정어리고래'라고도 합니다. 태평양 연안을 중심으로 세계 각지에 분포하지요. 몸길이 7~9미터, 몸무게 10~14톤 정도인 고래입니다. 몸 색깔은 등 부분이 잿빛을 띠고, 배 부분은 흰색에 가깝지요.

밍크고래는 여느 고래에 비해 주둥이가 뾰족한 편입니다. 몸통의 3분의 2 지점에 등지느러미가 있고, 가슴지느러미와 꼬리지느러미에 흰색 띠를 두른 모습이지요. 또한 50~60개의 목주름과 231~360개의 수염판을 갖고 있습니다.

밍크고래는 수염고래 종류 가운데 개체 수가 가장 많다고 합니다. 보통 단독 생활을 하거나 2~4마리가 소규모로 무리를 지어 생활하지요. 주요 먹이는 새우, 동물성 플랑크톤, 작은 물고기, 오징어 등입니다. 번식기의 암컷은 10달의 임신 기간을 거쳐 1~2마리의 새끼를 낳지요. 평균 수명은 30~50년으로 알려져 있습니다.

05 보리고래

분 류
동물계 > 척삭동물문 > 포유류강 > 긴수염고래과

사 는 곳
극지방과 열대지방을 제외한 전 세계 바다

크 기
몸길이 12~20미터

먹 이
크릴, 새우, 동물성 플랑크톤, 정어리, 멸치 등

　'정어리고래', '멸치고래'라고도 합니다. 흔히 2~6마리 정도가 무리 지어 활동하는데, 이동 경로가 정어리와 비슷해 정어리고래라는 이름으로도 불리게 됐지요. 대왕고래, 긴수염고래에 이어 세 번째로 몸집이 큰 고래입니다. 극지방과 열대지방을 제외한 전 세계 바다에 두루 분포하지요. 주요 먹이는 크릴, 새우, 동물성 플랑크톤을 비롯해 정어리, 멸치 등입니다.

　보리고래는 몸길이가 12~20미터에 달합니다. 몸무게도 25~45톤이나 되지요. 몸집에 비해 헤엄치는 속도가 매우 빨라 최대 시속이 50킬로미터에 이른다고 합니다. 몸 색깔은 등 부분이 어두운 잿빛을 띠고, 배 부분은 연회색 바탕에 흰색 점이 흩어져 있지요. 먹이를 먹을 때 입이 팽창하도록 도와주는 목주름은 32~60개 정도 되고, 300~380개의 수염판을 갖고 있습니다.

　보리고래의 암컷은 2~3년에 한 번씩 11개월 안팎의 임신 기간을 거쳐 보통 1마리의 새끼를 낳습니다. 어미는 6~9개월 동안 젖을 먹여 새끼를 키우지요. 평균 수명은 50~65년으로 알려져 있습니다.

06 브라이드고래

분 류
동물계 〉척삭동물문 〉포유류강 〉긴수염고래과

사 는 곳
태평양을 중심으로 전 세계의 따뜻한 바다

크 기
몸길이 12~17미터

먹 이
정어리, 멸치, 청어, 꽁치, 고등어, 새우 등

　보리고래와 닮았는데, 몸집이 조금 작습니다. 몸길이 12~17미터 정도지요. 브라이드고래는 태평양을 중심으로 전 세계의 따뜻한 바다에 널리 분포합니다. 단독 생활을 하는 경우가 많지만, 먹이가 풍부한 해역에서는 10마리 이상 무리를 짓기도 하지요.

　브라이드고래는 등 부분의 몸 색깔이 흑회색을 띠며, 배 부분은 하얗습니다. 등 쪽에 타원형 모양의 무늬가 여러 개 흩어져 있는 것이 눈길을 끌지요. 등의 3분의 2 지점에 나 있는 등지느러미의 높이는 45~50센티미터쯤 됩니다. 또한 250~370개의 수염판과 40~70개의 목주름을 갖고 있습니다.

　브라이드고래 암컷은 2~3년에 한 번씩 12개월 안팎의 임신 기간을 거쳐 대개 1마리의 새끼를 낳습니다. 갓 태어난 새끼의 크기는 약 4미터에 이르며, 평균 수명은 60년 정도지요. 주요 먹이는 정어리, 멸치, 청어, 꽁치, 고등어, 새우 등입니다.

07 혹등고래

분 류
동물계 〉 척삭동물문 〉 포유류강 〉 긴수염고래과

사 는 곳
지중해를 제외한 전 세계 바다

크 기
몸길이 11~16미터

먹 이
군집을 이루는 물고기와 새우 등

지중해를 제외한 전 세계 바다에 널리 분포합니다. 몸매가 통통한 편이며, 매우 기다란 가슴지느러미가 눈길을 끌지요. 등지느러미는 여느 고래처럼 크게 발달하지 않은 모습입니다. 몸길이는 11~16미터, 몸무게는 30톤 정도 되지요. 몸 색깔은 등 부분이 흑회색이고, 배 부분은 흰색에 가깝습니다. 그 밖에 입 부근과 아래턱에 많은 혹이 나 있는 점도 개성적이지요. 수염판은 270~400개, 목주름은 14~35개입니다.

혹등고래는 깊은 바다보다 연안에 주로 서식해 사람들에게 자주 목격됩니다. 활동성이 강해 수면 위로 풀쩍 뛰어오르는 모습을 보여주기도 하지요. 보통 단독생활을 하지만, 10~20마리씩 모여 먹이 활동을 하기도 합니다. 군집을 이루는 물고기와 새우 등을 즐겨 잡아먹지요. 번식기의 암컷은 약 12개월의 임신 기간을 거쳐 대부분 1마리의 새끼를 낳습니다. 새끼는 4.5미터 정도의 크기로 태어나 평균적으로 50~60년을 살지요

08 남방참고래

분류
동물계 > 척삭동물문 > 포유류강 > 긴수염고래과

사는곳
남반구 바다

크기
몸길이 15~18미터

먹이
새우와 동물성 플랑크톤 등

'남방긴수염고래'라고도 합니다. 이름에서 알 수 있듯, 지구 남반구 바다에 분포하지요. 남위 20~50도 사이에 주로 서식합니다. 대개 남반구에 사는 고래는 움직임이 느리고 몸에 지방질이 풍부해 자주 사람들의 사냥 대상이 되고는 했지요. 그래서 근래 들어 개체 수가 크게 줄어들었습니다.

남방참고래는 몸 색깔이 검은색이나 어두운 갈색을 띱니다. 배와 턱에는 흔히 흰색 얼룩무늬가 있지요. 또한 전체 몸길이의 4분의 1에 해당할 만큼 머리가 큰 특징이 있습니다. 그 밖에 등지느러미와 이빨이 없고, 아랫입술에 혹처럼 생긴 주머니가 여러 개 있는 것도 개성 적인 모습입니다. 수염판은 160~360개지요. 몸길이는 15~18미터 정도입니다.

남방참고래의 주요 먹이는 새우와 동물성 플랑크톤 등입니다. 입을 벌린 채 바닷속을 헤엄치면서 수염판으로 작은 먹이들을 걸러먹지요. 암컷은 3~5년마다 12개월의 임신 기간을 거쳐 1마리의 새끼를 낳습니다. 평균 수명은 60년 안팎으로 알려져 있습니다.

북극고래

분 류
동물계 > 척삭동물문 > 포유류강 > 긴수염고래과

사 는 곳
북극해

크 기
몸길이 15~20미터

먹 이
새우와 동물성 플랑크톤 등

　'그린란드고래', '활머리고래'라고도 합니다. 몸 전체 길이의 3분의 1이 넘을 만큼 머리가 크고, 몸매도 뚱뚱한 편이지요. 몸길이 15~20미터에, 몸무게는 100~150톤이 나갈 정도입니다. 추위를 견디게 하는 지방층의 두께만 해도 50~70센티미터에 이르지요. 이름에서 알 수 있듯 북극해에 분포하는데, 여느 고래 종류와 달리 먹이 활동이나 번식을 위해 다른 해역으로는 거의 이동하지 않습니다.

　북극고래의 몸 색깔은 검은색이거나 어두운 잿빛입니다. 수염고래과 고래들 중 가장 긴 수염을 가졌으며, 지느러미는 별로 발달하지 않았지요. 가슴지느러미와 꼬리지느러미도 폭이 좁고 짧습니다. 북극고래는 성질이 온순하며 움직임이 둔하고, 보통 2~5마리씩 무리를 지어 생활하지요. 주요 먹이는 새우와 동물성 플랑크톤 등입니다. 암컷은 3~5년에 한 번씩 12개월 남짓한 임신 기간을 거쳐 보통 1마리의 새끼를 낳지요. 평균 수명이 매우 길어 100년 넘게 사는 경우가 흔하다고 합니다.

향유고래

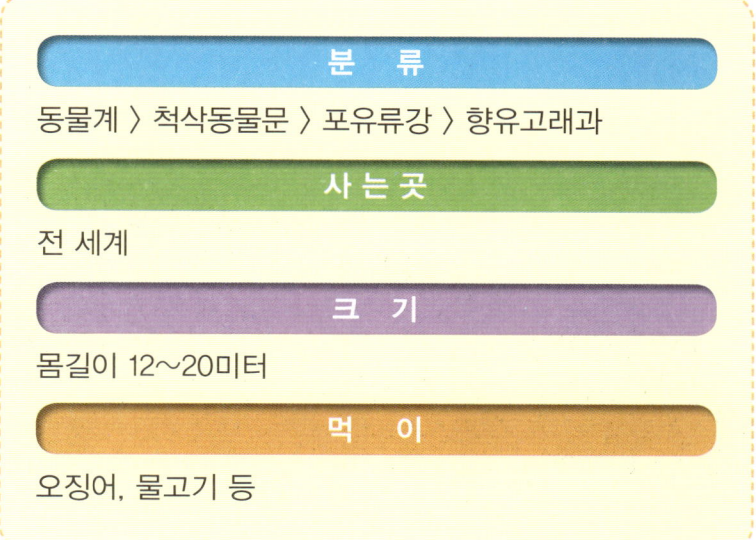

분 류
동물계 > 척삭동물문 > 포유류강 > 향유고래과

사는곳
전 세계

크 기
몸길이 12~20미터

먹 이
오징어, 물고기 등

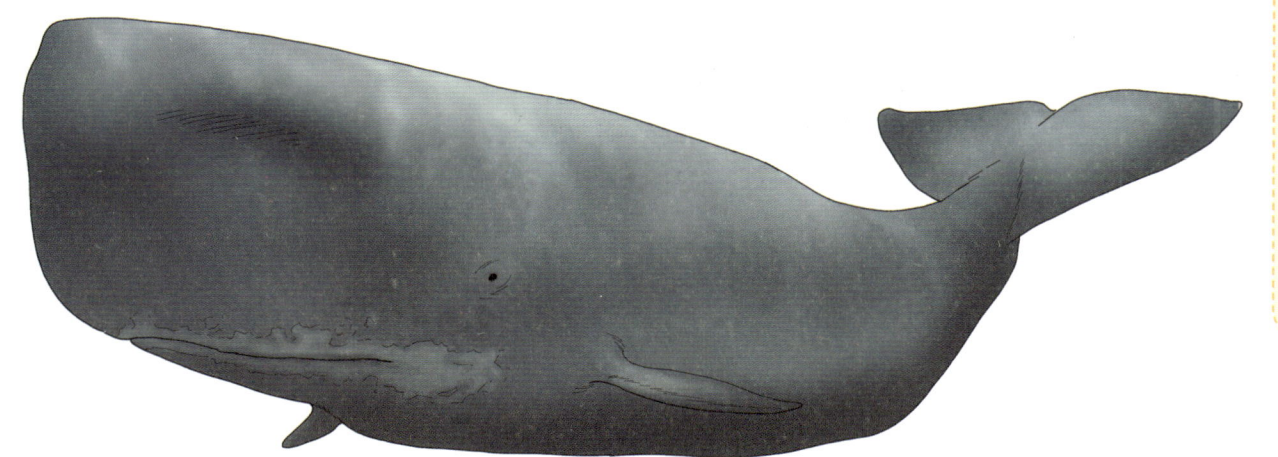

　'향고래', '말향고래'라고도 합니다. 고래는 이빨이 있는지 없는지에 따라 이빨고래류와 긴수염고래류로 구분하지요. 향유고래는 이빨고래류에 해당하는데, 그 가운데 몸집이 가장 큽니다. 이빨을 가진 모든 동물 가운데 가장 크다고 할 수 있지요. 몸길이 12~20미터에, 몸무게도 30~57톤이나 되니까요. 향유고래는 허먼 멜빌의 소설 『모비 딕』에 등장하는 고래로도 잘 알려져 있습니다.

　향유고래는 성체의 머리 크기가 몸 전체의 3분의 1 정도를 차지합니다. 그 속에는 밀랍 성질을 가진 기름이 들어 있는데, 그것이 강추위에도 얼지 않아 윤활유로 이용되어 왔지요. 또한 내장에는 용연향이라는 고급 향료의 원료가 있습니다. 그래서 사람들이 향유고래를 남획해 개체 수가 빠르게 줄어들었지요.

　향유고래의 몸 색깔은 회색빛을 띠지만, 나이가 들수록 허옇게 변해갑니다. 등지느러미는 없고, 가슴지느러미도 작지요. 주요 먹이는 오징어와 물고기입니다. 암컷은 3~5년에 한 번 15~16개월의 임신 기간을 거쳐 1마리의 새끼를 낳습니다.

쇠향고래

분류
동물계 > 척삭동물문 > 포유류강 > 꼬마향고래과

사는곳
전 세계 남북위 40도 사이의 바다

크기
몸길이 2.2~3미터

먹이
오징어, 꼴뚜기, 문어, 낙지, 조개 등

전 세계 바다에 분포합니다. 적도를 기준으로 남북위 40도 사이에 해당하는 따뜻한 바다에 서식하지요. 몸길이 2.2~3미터, 몸무게 130~250킬로그램 정도 되는 소형 고래입니다. 전체적으로 통통한 몸에 짧고 두툼한 주둥이, 여느 고래에 비해 발달한 등지느러미를 갖고 있지요. 얼굴 옆면에는 상어처럼 아가미구멍이 보입니다. 몸 색깔은 등 부분이 어두운 청회색, 배 부분은 회백색을 띠지요.

쇠향고래는 대부분 5마리 안팎이 무리를 지어 생활합니다. 주로 오징어, 꼴뚜기, 문어, 낙지, 조개 등을 잡아먹고 살지요. 암컷은 1~2년에 한 번, 약 9개월의 임신 기간을 거쳐 1마리의 새끼를 낳습니다. 해양 포유류에 속하는 만큼 젖을 먹여 새끼를 키우지요. 평균 수명은 20~30년으로 알려져 있습니다.

12 일각돌고래

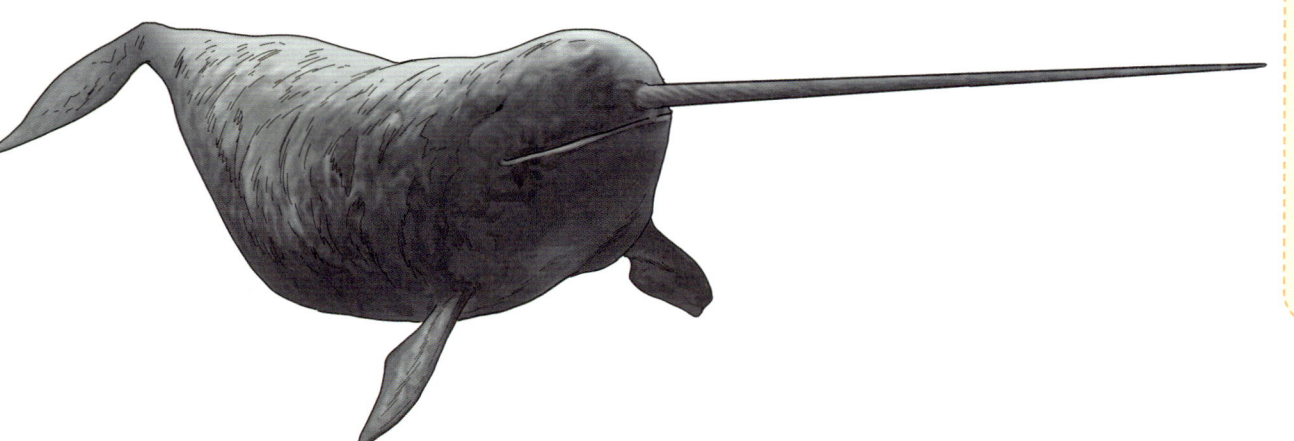

분 류
동물계 〉 척삭동물문 〉 포유류강 〉 긴이빨돌고래과

사 는 곳
북극해

크 기
몸길이 4~5미터

먹 이
새우, 게, 오징어, 작은 물고기 등

 '외뿔고래', '긴이빨고래'라고도 합니다. 이 고래는 머리 앞에 기다란 뿔이 있어 단박에 눈길을 사로잡지요. 그런데 실제로는 뿔이 아니라, 이빨 한 개가 비틀어져 길게 자라난 것이라고 합니다. 그 길이가 무려 2.5~3미터에 달하지요. 일각돌고래의 몸길이가 4~5미터인 것을 생각하면 깜짝 놀랄 만한 길이입니다. 이 뿔은 보통 암컷에 비해 수컷이 훨씬 더 크게 발달하지요. 몸 색깔은 전체적으로 짙은 청회색을 띱니다.

 일각돌고래는 북극해에 분포합니다. 여러 마리가 무리지어 생활하는데, 어느 때는 100여 마리씩 몰려다니기도 하지요. 주요 먹이는 새우, 게, 오징어, 작은 물고기 등입니다. 그런데 이 고래는 예로부터 에스키모들의 사냥감이었고, 범고래와 북극곰 등에게도 희생돼 그 수가 많이 줄어들었습니다. 암컷은 3년 정도에 한 번씩 13~16개월의 임신 기간을 거쳐 1마리의 새끼를 낳지요. 어미는 약 20개월 동안 젖을 먹여 새끼를 키웁니다.

13 흰고래

분류
동물계 〉 척삭동물문 〉 포유류강 〉 외뿔고래과

사는곳
북극해, 베링해, 캐나다 북부 해역, 그린란드 주변 바다 등

크기
몸길이 4.5~5.5미터

먹이
연어, 청어, 오징어, 새우, 게 등

 '벨루가'라고도 합니다. 북극해, 베링해, 캐나다 북부 해역, 그린란드 주변 바다 등에 분포하지요. 성체의 몸길이는 4.5~5.5미터 정도입니다. 수컷이 암컷보다 눈에 띄게 크지요. 통통한 몸매에 어울리게 몸무게도 1.5~2톤이나 됩니다. 몸 색깔은 이름에서 알 수 있듯 흰색이며, 피부가 매우 매끄럽지요. 머리 모양은 사각형에 가깝게 뭉툭하고, 이마에 기름으로 채워진 '메론'이라는 기관이 있습니다. 또한 목의 움직임이 유연하고, 등지느러미는 없지요.

 흰고래는 10마리 안팎의 수가 무리지어 생활할 때가 많습니다. 물속에서 휘파람소리 같은 울음으로 서로 소통해 '바다의 카나리아'라는 별명을 얻었지요. 주요 먹이는 연어, 청어, 오징어, 새우, 게 등입니다. 번식기에는 100~200마리씩 무리 지어 다니며 장관을 연출하는데, 암컷은 2~3년에 한 번씩 약 14개월의 임신 기간을 거쳐 1마리의 새끼를 낳습니다. 새끼는 약 2년 가까이 어미의 젖을 먹고 자라나지요.

14 망치고래

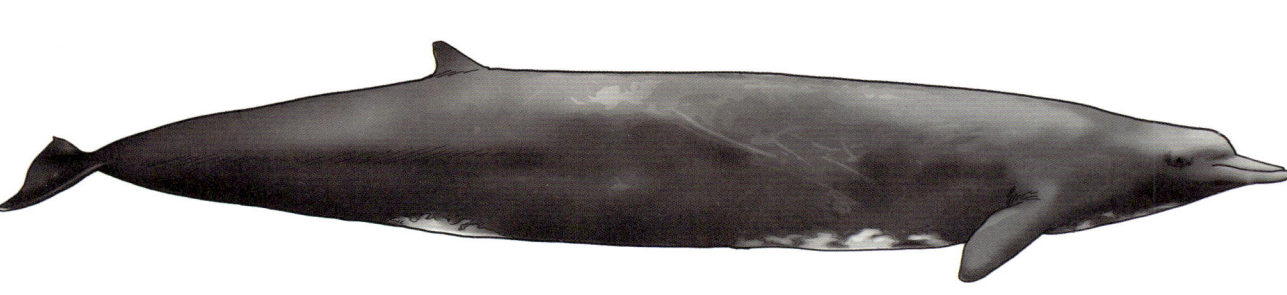

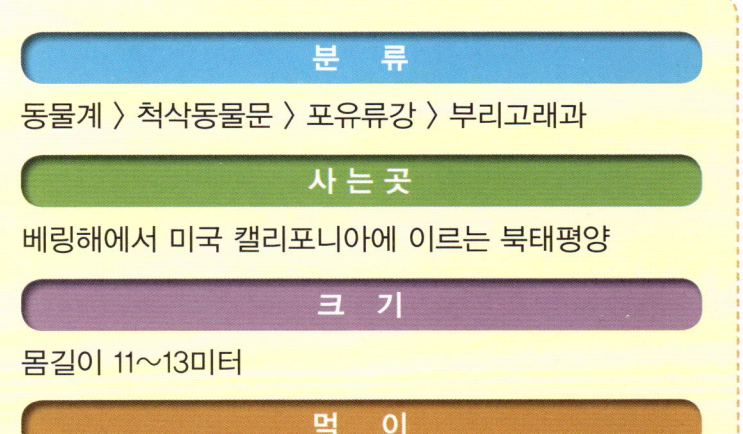

분류
동물계 > 척삭동물문 > 포유류강 > 부리고래과

사는곳
베링해에서 미국 캘리포니아에 이르는 북태평양

크기
몸길이 11~13미터

먹이
오징어, 새우, 게, 물고기 등

'기름고래', '큰부리고래'라고도 합니다. 몸길이 11~13미터, 몸무게 10~13톤까지 성장하지요. 이빨고래류 가운데 향유고래 다음으로 몸집이 큰 종입니다. 몸은 전체적으로 길쭉하고, 머리가 불룩하게 부풀어 오른 모습이지요. 주둥이는 뾰족한 형태이며, 몸 뒤쪽에 작은 등지느러미가 있습니다. 몸 색깔은 검은색이나 흑갈색을 띠는데, 배 부분에 불규칙한 흰색 얼룩무늬가 보이지요.

망치고래는 북태평양에 분포합니다. 주로 베링해에서 미국 캘리포니아에 이르는 해역에 서식하지요. 대개 5~20마리씩 무리지어 다니며, 수심 1천 미터 안팎의 바다에서 먹이 활동을 합니다. 주요 먹이는 오징어, 새우, 게, 물고기 등이지요. 암컷은 보통 2~3년에 한 번씩 약 17개월의 임신 기간을 거쳐 1마리의 새끼를 낳습니다. 갓 태어난 새끼도 몸길이가 4~5미터나 될 만큼 커다랗지요.

15
북방병코고래

분 류
동물계 〉 척삭동물문 〉 포유류강 〉 부리고래과

사 는 곳
북대서양

크 기
몸길이 7~9미터

먹 이
심해 물고기와 오징어 등

병코고래 중 북반구에 분포하는 종을 가리킵니다. 주로 북대서양에 서식하지요. 수심 1천500미터에 이르는 깊은 바다에서 2~4마리가 무리지어 생활하는 것으로 알려져 있습니다. 심해의 물고기와 오징어 등을 잡아먹고 살지요.

북방병코고래는 몸길이 7~9미터까지 성장합니다. 몸 색깔은 짙은 잿빛을 띠는데, 등 쪽에 비해 배 부분의 농도가 옅지요. 머리 모양은 사각형에 가깝게 뭉툭하고, 이마에 기름으로 채워진 '메론'이라는 기관이 있습니다. 또한 몸 뒤쪽에 작은 등지느러미가 있고, 가슴지느러미와 꼬리지느러미도 몸집에 비해 작은 편이지요.

북방병코고래의 번식기는 북반구의 봄철입니다. 암컷은 2~3년에 한 번씩 약 12개월의 임신 기간을 거쳐 1마리의 새끼를 낳지요. 평균 수명은 20년 안팎입니다.

16 허브부리고래

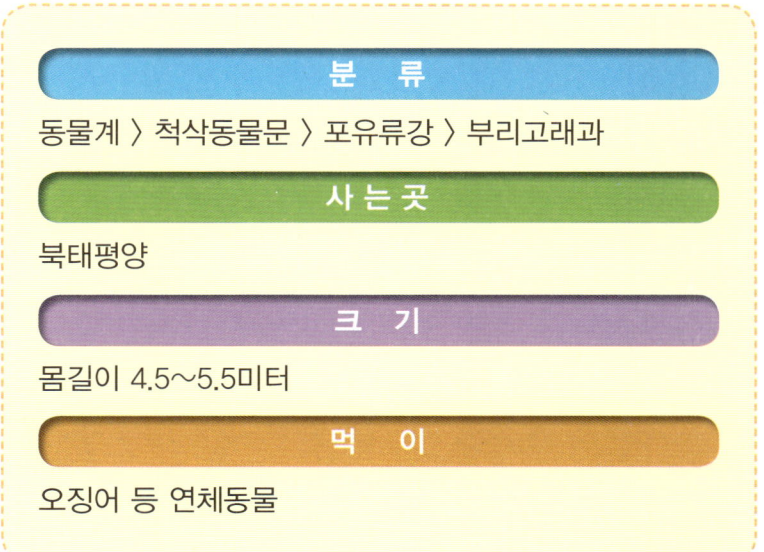

분류
동물계 〉 척삭동물문 〉 포유류강 〉 부리고래과

사는곳
북태평양

크기
몸길이 4.5~5.5미터

먹이
오징어 등 연체동물

　부리고래과 중에 '앤드류부리고래'가 있습니다. 몸길이 4.5~5.5미터인 고래로, 몸 색깔이 검은색을 띠지요. 허브부리고래는 오랫동안 앤드류부리고래의 일종으로 알려져 왔습니다. 그러나 최근 들어 새로운 종으로 인정받으면서 지금의 이름을 얻게 됐지요.

　허브부리고래 역시 몸길이가 4.5~5.5미터 정도입니다. 몸 색깔도 검은색이거나 짙은 잿빛을 띠지요. 암컷의 경우는 수컷보다 색깔이 옅어 회색에 가깝기도 하고요. 허브부리고래는 2~10마리씩 무리를 이루어 생활하면서 오징어 같은 연체동물을 즐겨 잡아먹습니다. 주요 분포지는 북태평양이지요. 그런데 허브부리고래든 앤드류부리고래든 바다에서 관측하기 쉽지 않아, 아직은 생태에 관해 밝혀진 내용이 많지 않습니다.

17 혹부리고래

분 류
동물계 〉 척삭동물문 〉 포유류강 〉 부리고래과

사 는 곳
카리브해, 바하마 해역, 멕시코만을 비롯한 전 세계

크 기
몸길이 4.4~6미터

먹 이
오징어, 새우, 게, 물고기 등

이 고래에 대해 처음 기록한 프랑스 학자의 이름을 따서 '블랑빌부리고래'라고도 합니다. 전 세계의 따뜻한 바다에 분포하는데 카리브해, 바하마 해역, 멕시코만 등에 특히 많은 개체가 서식하지요. 수심 500~1천 미터 정도의 바다를 좋아한다고 합니다.

혹부리고래 수컷은 겉모습이 매우 독특합니다. 수컷 성체의 경우 아래턱 좌우에 한 쌍의 송곳니가 밖에서 한눈에 보일 정도로 길게 자라나 있지요. 그 길이가 20센티미터에 이릅니다. 또한 아래턱의 모양은 위쪽을 향해 굽어 있지요. 혹부리고래 성체의 몸길이는 4.4~6미터에 달합니다. 몸무게는 800~1천200킬로그램 정도 되고요. 몸 색깔은 등 부분이 짙은 청회색, 배 부분이 옅은 회색을 띠지요.

혹부리고래는 단독 생활을 하거나 2~7마리가 무리지어 다니면서 먹이 활동을 합니다. 주요 먹이는 오징어, 새우, 게, 물고기 등이지요. 번식기의 암컷은 한배에 1마리의 새끼를 낳는데, 갓 태어난 개체의 몸길이는 2미터 안팎입니다.

18 은행이빨부리고래

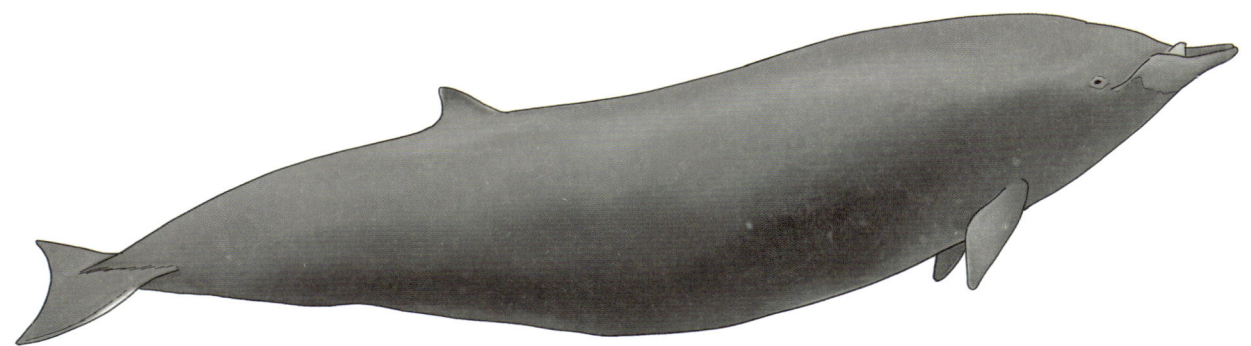

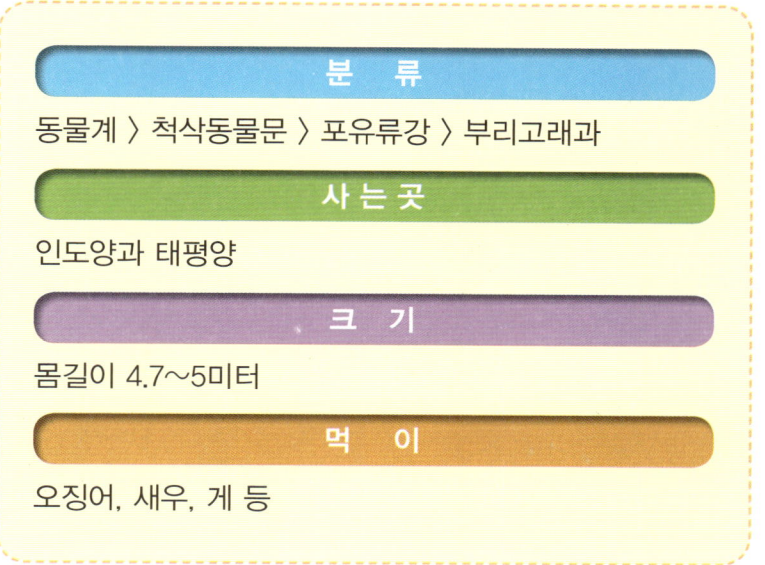

분류
동물계 > 척삭동물문 > 포유류강 > 부리고래과

사는곳
인도양과 태평양

크기
몸길이 4.7~5미터

먹이
오징어, 새우, 게 등

　인도양과 태평양의 따뜻한 바다에 널리 분포합니다. 수컷 성체의 경우 송곳니가 피부를 뚫고 밖으로 드러난 모습이지요. 그에 비해 암컷의 이빨은 밖으로 드러나지 않습니다.

　은행이빨부리고래의 몸길이는 4.7~5미터 정도입니다. 몸 색깔은 짙은 잿빛이며, 흰색에 가까운 반점이 흩어져 있지요. 암컷이 수컷보다 조금 큰 편이고, 몸 색깔도 약간 밝습니다. 그 밖에 은행이빨부리고래의 생태에 관해서는 알려진 내용이 별로 없지요. 부리고래과 중에서 가장 미지의 종이라고 해도 틀린 말이 아닙니다. 다만 여느 부리고래처럼 오징어, 새우, 게 등을 주요 먹이로 삼을 것이라고 짐작됩니다.

19 끈모양이빨고래

분류
동물계 〉 척삭동물문 〉 포유류강 〉 부리고래과

사는곳
남아프리카 해역, 오스트레일리아, 뉴질랜드 등

크기
몸길이 5.5~6.2미터

먹이
오징어, 새우, 게, 심해 물고기 등

　'긴이빨고래', '레이어드부리고래'라고도 합니다. 이빨 모양이 매우 개성 있는 고래지요. 수컷 성체의 아래턱에 끈처럼 생긴 2개의 이빨이 나 있는 모습에서 지금의 이름을 얻게 됐습니다. 이 이빨의 길이는 30센티미터 안팎에 이르지요. 하지만 그것이 별 다른 기능을 하지는 않아, 먹이 활동을 할 때도 바닷물과 함께 흡입하는 방식을 선택합니다.

　끈모양이빨고래는 남아프리카 해역과 오스트레일리아, 뉴질랜드 등에 분포합니다. 몸길이는 5.5~6.2미터 정도 되지요. 몸 색깔은 등 부분이 푸른빛을 띠는 검은색이며, 배 부분은 연회색입니다. 보통 10마리 안팎의 개체가 무리지어 다니며 오징어, 새우, 게, 심해 물고기 등을 잡아먹지요. 독특한 소리의 음파를 통해 서로 소통하면서, 먹잇감의 위치도 찾는다고 합니다. 암컷은 2~3년마다 10개월 안팎의 임신 기간을 거쳐 1마리의 새끼를 낳습니다.

20 큰이빨부리고래

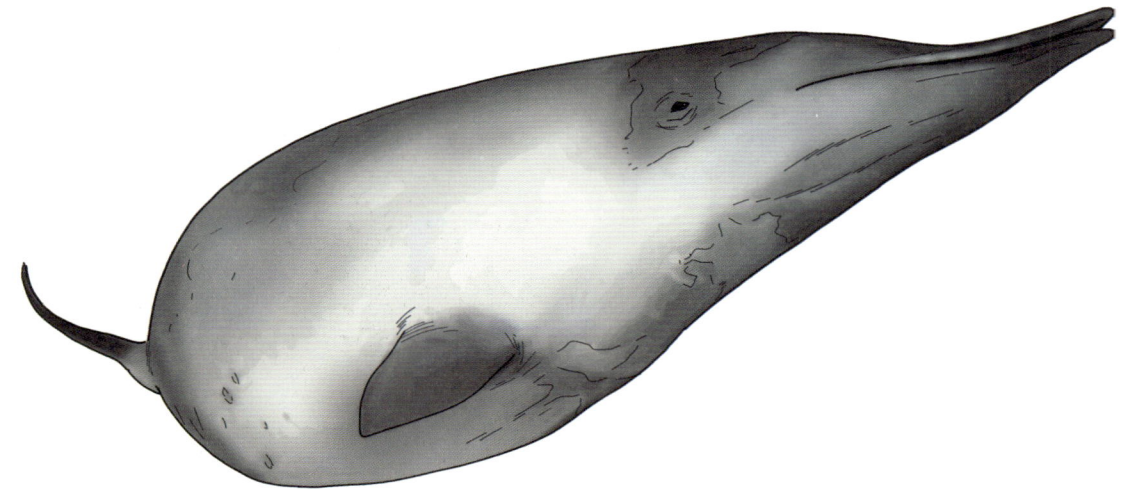

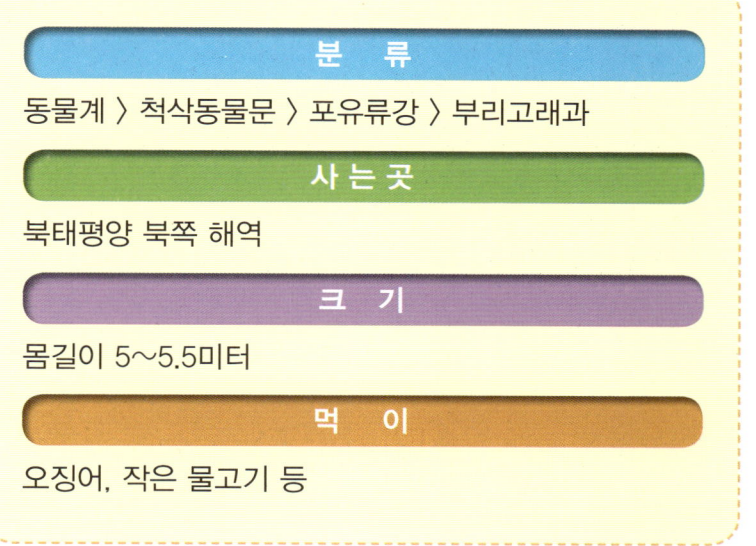

분 류
동물계 > 척삭동물문 > 포유류강 > 부리고래과

사는곳
북태평양 북쪽 해역

크 기
몸길이 5~5.5미터

먹 이
오징어, 작은 물고기 등

'부채이빨고래', '베링해부리고래', '사브르이빨고래'라고도 합니다. 북태평양 중에서도 주로 북쪽 해역에 분포하지요. 따뜻한 바다보다는 차가운 바다를 좋아하는 듯합니다. 몸길이는 5~5.5미터 정도 되지요. 통통한 몸에 자그마한 머리, 가늘고 길쭉한 주둥이를 갖고 있습니다. 무엇보다 아래턱 가운데에 위치한 한 쌍의 부채 모양 이빨 모습이 독특하지요. 몸 색깔은 전체적으로 짙은 회색이나 검은색을 띱니다.

큰이빨부리고래는 10마리 안팎의 개체가 무리를 이루어 생활합니다. 주로 오징어와 작은 물고기 등을 잡아먹고 살지요. 그밖의 생태에 관해서는 개체 수가 많지 않는 탓에 아직 밝혀진 내용이 별로 없습니다.

21 민부리고래

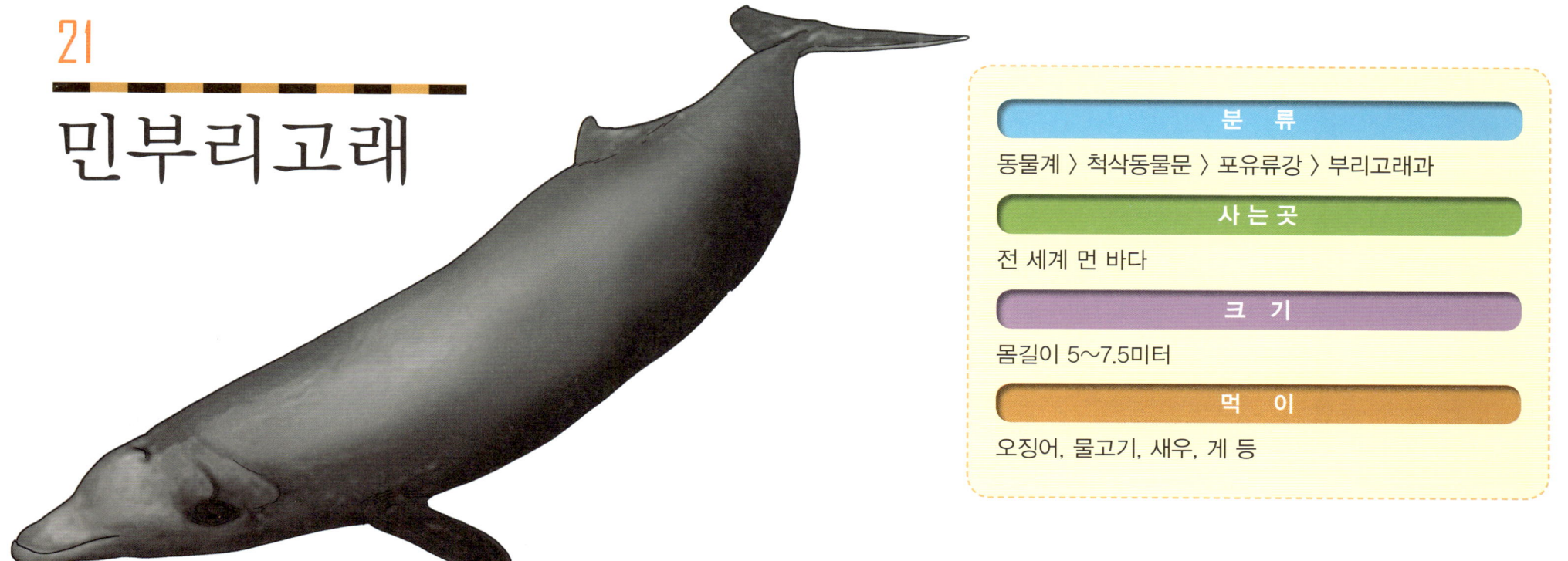

분류
동물계 〉 척삭동물문 〉 포유류강 〉 부리고래과

사는곳
전 세계 먼 바다

크기
몸길이 5~7.5미터

먹이
오징어, 물고기, 새우, 게 등

전 세계 바다에 널리 분포합니다. 육지와 가까운 연안보다는 수심 1천 미터 안팎의 먼 바다에 주로 서식하지요. 단독 생활을 하거나, 2~7마리 정도의 소규모로 무리를 지어 활동합니다. 민부리고래의 몸길이는 5~7.5미터쯤 됩니다. 뚱뚱해 보이는 체형에 어울리게 몸무게도 2톤이 넘는 개체가 흔하지요. 몸 색깔은 검은색이나 짙은 잿빛을 띱니다.

그 밖에 민부리고래는 주둥이가 짧고 굵으며, 몸의 3분의 2 지점에 작은 등지느러미를 가진 특징이 있습니다. 또한 수컷의 경우 아래턱 끝에 한 쌍의 원추형 이빨이 드러나 보이지요. 주요 먹이는 오징어를 비롯해 물고기와 새우, 게 등입니다. 민부리고래는 현재 모든 부리고래 중에서 개체 수가 가장 많은 것으로 알려져 있습니다. 다른 이름으로 '퀴비에부리고래'라고 부르기도 합니다.

22 머리코돌고래

분류
동물계 〉 척삭동물문 〉 포유류강 〉 참돌고래과

사는곳
남대서양, 남인도양

크기
몸길이 1.1~1.5미터

먹이
작은 물고기, 오징어 등

　흑백돌고래속에 속하는 4종의 돌고래가 있습니다. 칠레돌고래, 히비사이드돌고래, 헥터돌고래와 함께 머리코돌고래가 그것이지요. 머리코돌고래는 다른 이름으로 '세팔리돌고래', '판다돌고래'라고도 합니다. 1767년 마젤란해협에서 처음 발견되었지요.

　머리코돌고래는 몸길이 1.1~1.5미터 정도의 소형 고래입니다. 몸무게도 50킬로그램 안팎에 불과하지요. 몸 색깔은 등 부분이 검은색이고, 배 부분은 흰색입니다. 주둥이가 짧고 뭉툭하며, 등 가운데에 제법 커다란 등지느러미가 보이지요. 전체적으로 통통한 방추형 몸매를 갖고 있습니다.

　머리코돌고래는 대부분 남대서양과 남인도양에 분포합니다. 서식 범위가 그다지 넓지는 않지요. 주요 먹이는 작은 물고기와 오징어 등입니다.

23 칠레돌고래

분류
동물계 > 척삭동물문 > 포유류강 > 참돌고래과

사는곳
칠레 연안

크기
몸길이 1.2~1.9미터

먹이
오징어, 문어, 새우, 게, 조개, 정어리, 멸치 등

   흑백돌고래속에 속하는 4종의 돌고래 중 하나입니다. 칠레돌고래 외에 히비사이드돌고래, 헥터돌고래, 머리코돌고래가 해당되지요.

   칠레돌고래는 이름에서 알 수 있듯 칠레 연안에 분포합니다. 여느 고래에 비해 서식 범위가 매우 좁지요. 몸길이가 1.2~1.9미터 정도인 소형 고래입니다. 몸무게는 30~60킬로그램쯤 되지요. 몸 색깔은 등 부분이 검은빛을 띠고, 배 부분은 흰색입니다. 통통하고 매끈한 몸에, 짧고 둥근 주둥이를 갖고 있지요. 몸 중앙에 등지느러미가 있고, 몸집에 딱 어울리는 크기의 가슴지느러미와 꼬리지느러미가 보입니다.

   칠레돌고래는 '검은돌고래'라고 불리기도 합니다. 보통 2~10마리가 무리를 지어 생활하지요. 주요 먹이는 오징어, 문어, 새우, 게, 조개, 정어리, 멸치 등입니다.

24 히비사이드돌고래

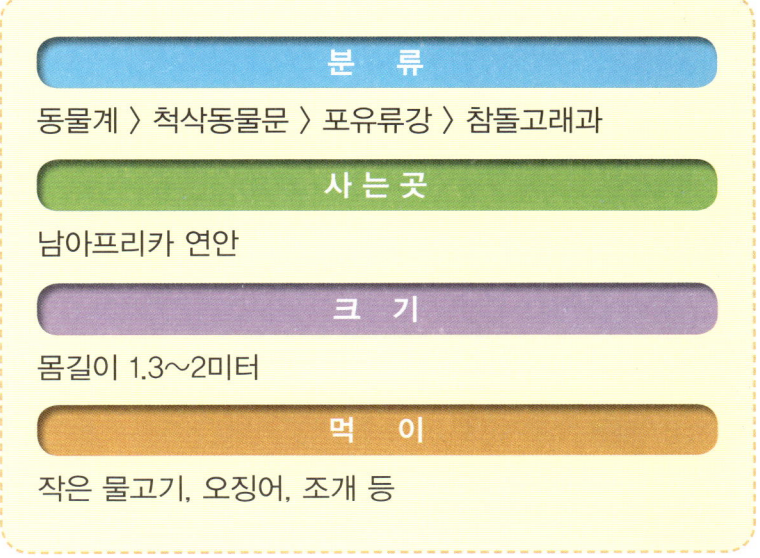

분 류
동물계 〉 척삭동물문 〉 포유류강 〉 참돌고래과

사는곳
남아프리카 연안

크 기
몸길이 1.3~2미터

먹 이
작은 물고기, 오징어, 조개 등

　흑백돌고래속에 속하는 4종의 돌고래 중 하나입니다. 히비사이드돌고래 외에 칠레돌고래, 헥터돌고래, 머리코돌고래가 해당되지요. 이 고래는 '하비사이드돌고래'라고 불리기도 합니다.

　히비사이드돌고래는 남아프리카 연안에 주로 분포합니다. 칠레돌고래처럼 서식 범위가 좁지요. 몸길이 1.3~2미터에, 몸무게는 75킬로그램 안팎입니다. 몸 색깔은 등 부분이 짙은 청색을 띠는 잿빛이고, 배 부분은 흰색이지요. 등과 배의 색깔이 뚜렷하게 경계를 이루고 있습니다. 그 밖에 몸은 통통하며, 주둥이가 짧고 둥근 특징을 보이지요. 몸 중앙에 등지느러미가 있고, 꼬리지느러미는 두 갈래로 갈라진 모습입니다.

　히비사이드돌고래는 보통 2~10마리가 무리를 이루어 생활합니다. 주로 작은 물고기와 오징어, 조개 등을 먹고 살지요.

25 헥터돌고래

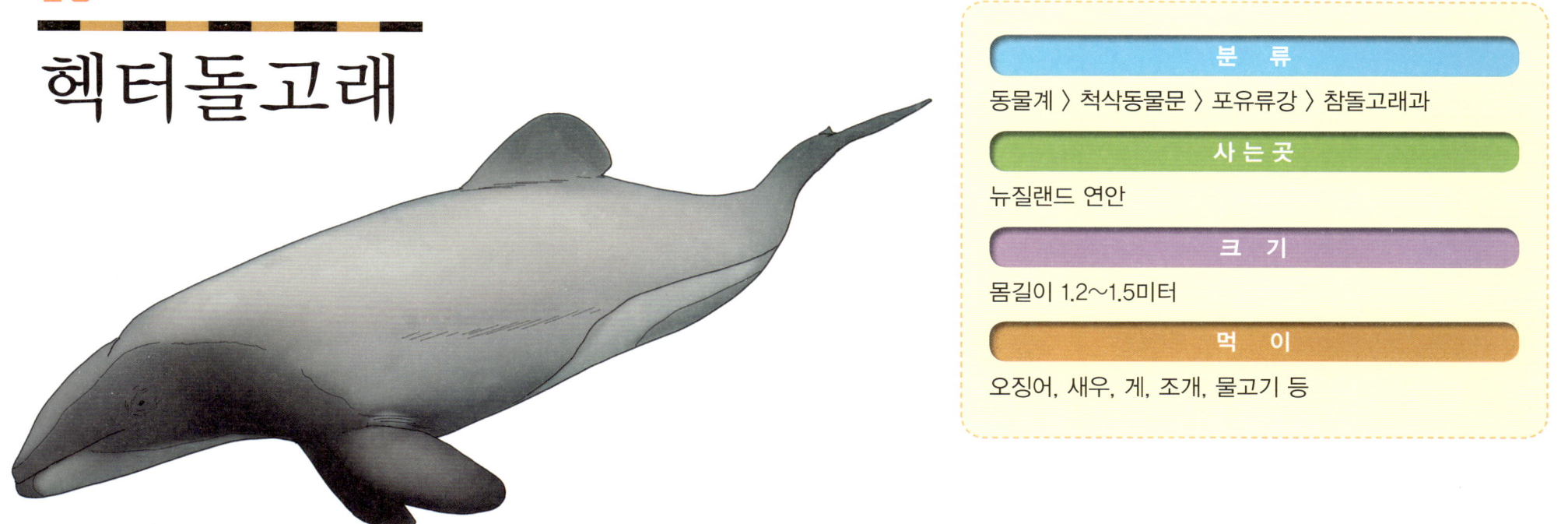

분류
동물계 〉 척삭동물문 〉 포유류강 〉 참돌고래과

사는곳
뉴질랜드 연안

크기
몸길이 1.2~1.5미터

먹이
오징어, 새우, 게, 조개, 물고기 등

흑백돌고래속에 속하는 4종의 돌고래가 있습니다. 칠레돌고래, 히비사이드돌고래, 머리코돌고래와 더불어 헥터돌고래가 해당되지요. 이 종은 '헥토르돌고래', '흰머리돌고래'라고도 합니다. 헥터돌고래라는 이름은 제임스 헥터라는 사람에게서 유래했는데, 그가 가장 먼저 이 고래를 연구하기 시작했지요.

헥터돌고래는 몸길이가 1.2~1.5미터밖에 되지 않는 소형 고래입니다. 몸무게도 50킬로그램이 조금 넘는 정도지요. 몸 색깔은 등 부분이 검은색이고, 배 부분은 흰색입니다. 대개 배 부분의 흰색이 옆구리까지 넓게 퍼져 있는 모습이지요. 통통한 몸에 주둥이가 매우 짧고, 제법 큰 둥근 등지느러미를 갖고 있습니다.

헥터돌고래는 보통 2~5마리가 무리를 지어 생활합니다. 대부분의 개체가 뉴질랜드 연안에 분포할 만큼 서식 범위가 좁지요. 주요 먹이는 오징어, 새우, 게, 조개, 물고기 등입니다.

26 긴부리참돌고래

분류
동물계 > 척삭동물문 > 포유류강 > 참돌고래과

사는곳
서아프리카, 남아프리카, 멕시코, 페루, 동아시아 해역

크기
몸길이 1.9~2.5미터

먹이
물고기, 오징어, 새우 등

　참돌고래의 일종입니다. 주로 서아프리카, 남아프리카, 멕시코, 페루, 동아시아 해역에 분포합니다. 열대와 온대 바다를 좋아하지요. 짧은부리참돌고래만큼은 아니지만 이동 범위가 제법 넓은 고래로 알려져 있습니다.

　긴부리참돌고래는 몸길이 1.9~2.5미터에, 몸무게는 100킬로그램 안팎입니다. 방추형의 매끈한 몸에, 길고 뾰족한 모습의 주둥이를 갖고 있지요. 몸 중앙에는 잘 발달된 등지느러미가 보입니다. 몸 색깔은 등 부분이 청색을 띠는 검은색이고, 배 부분은 회백색이지요. 등 부분의 색깔이 배 부분의 색깔보다 더 넓은 면적을 차지합니다.

　긴부리참돌고래는 보통 2~10마리 정도가 무리지어 생활합니다. 여러 마리가 함께 수면 위로 뛰어오르며 헤엄치는 광경이 종종 목격되기도 하지요. 암컷은 2~3년에 한 번씩 10~11개월의 임신 기간을 거쳐 1마리의 새끼를 낳습니다. 주요 먹이는 물고기와 연체동물이지요.

27 짧은부리참돌고래

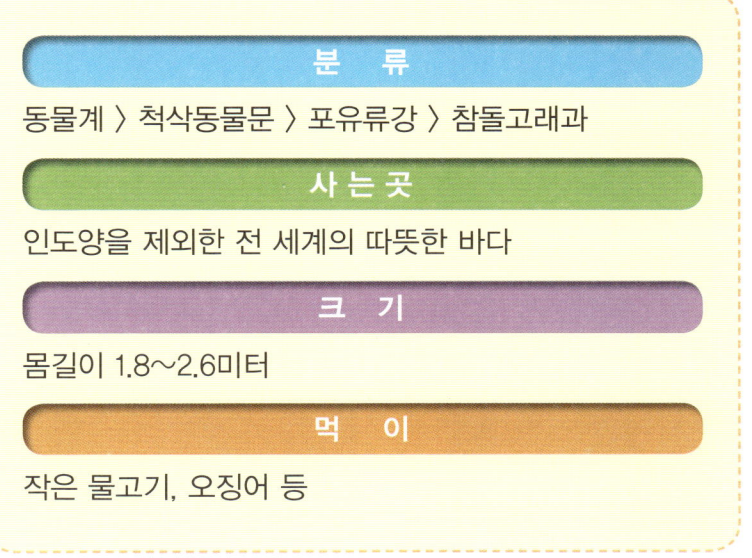

분 류
동물계 > 척삭동물문 > 포유류강 > 참돌고래과

사 는 곳
인도양을 제외한 전 세계의 따뜻한 바다

크 기
몸길이 1.8~2.6미터

먹 이
작은 물고기, 오징어 등

긴부리참돌고래보다 넓은 해역에 분포합니다. 인도양을 제외한 전 세계의 따뜻한 바다에 서식하지요. 태평양이나 대서양에서는 여느 고래보다 더 많은 개체가 눈에 띕니다. 바다에서 빠르게 헤엄치며 공중제비를 도는 상당수의 고래가 바로 짧은부리참돌고래지요. 그러나 사람들의 무분별한 남획으로 그 수가 크게 줄어들어 1966년부터 포획이 금지되었습니다.

짧은부리참돌고래는 몸길이 1.8~2.6미터, 몸무게는 80~120킬로그램 정도입니다. 몸 색깔은 등 부분이 푸른빛이 도는 검은색을 띠며, 배 부분은 흰색이지요. 매끈한 유선형 몸에, 둥근 머리와 날렵한 주둥이를 갖고 있습니다. 등에는 발달된 등지느러미가 보이고요.

짧은부리참돌고래는 집단생활을 즐겨 수십에서 수백 마리까지 무리를 짓기도 합니다. 매우 활동적이며, 특유의 초음파를 발생시켜 서로 소통하지요. 주요 먹이는 작은 물고기와 오징어 등입니다. 암컷은 2~3년마다 9~11개월의 임신 기간을 거쳐 1마리의 새끼를 낳습니다.

28 큰코돌고래

분류
동물계 > 척삭동물문 > 포유류강 > 거두고래과

사는곳
전 세계의 따뜻한 바다

크기
몸길이 3.3~4미터

먹이
오징어 등

'큰머리돌고래'라고도 합니다. 몸길이 3.3~4미터에, 몸무게는 500킬로그램 안팎이지요. 전 세계의 따뜻한 바다에 널리 분포합니다. 몸에는 사냥 중에 다치거나 무리와 장난을 치다가 생긴 상처가 많은데, 그 모양이 소나무 잎 같다고 해서 '솔잎돌고래'라고 부르기도 하지요..

큰코돌고래는 머리가 둥글고, 이렇다 하게 돌출된 주둥이가 없습니다. 방추형 몸에 등지느러미가 발달했고, 가슴지느러미는 끝 부분이 날카롭지요. 몸 색깔은 거무스름한 회색빛을 띠다가 자라날수록 점점 흰색에 가깝게 변해갑니다.

큰코돌고래는 보통 몇 마리씩 무리지어 생활하는데, 이따금 수백 마리씩 함께 움직이는 장관을 연출하기도 합니다. 가장 좋아하는 먹잇감은 오징어지요. 따라서 오징어 떼를 따라 한꺼번에 서식지를 옮겨 다니는 습성이 있습니다. 그 밖에 번식 등의 생태에 관해서는 정확히 밝혀진 내용이 많지 않습니다.

29 대서양낫돌고래

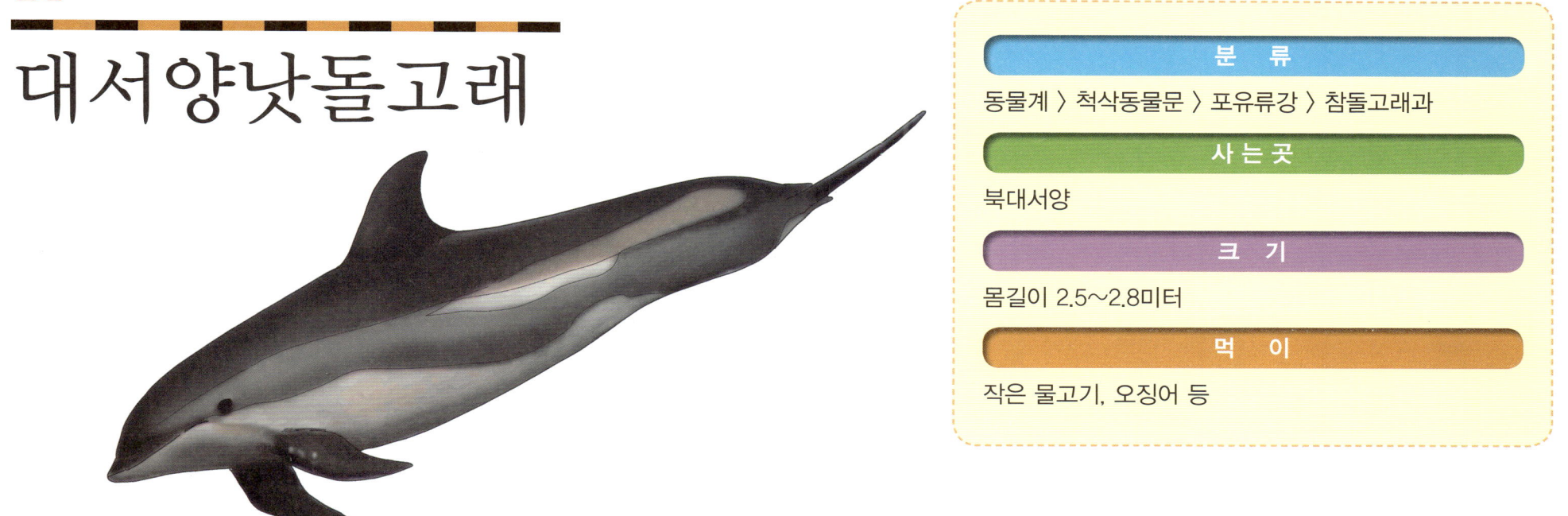

분 류
동물계 〉 척삭동물문 〉 포유류강 〉 참돌고래과

사 는 곳
북대서양

크 기
몸길이 2.5~2.8미터

먹 이
작은 물고기, 오징어 등

'대서양흰줄무늬돌고래'라고도 합니다. 북대서양에 분포하지요. 주로 작은 물고기와 오징어 같은 연체동물을 잡아먹고 삽니다.

대서양낫돌고래는 무엇보다 등지느러미 뒤쪽에 흰색에 가까운 무늬가 양쪽으로 있는 것이 특징입니다. 줄무늬의 색깔은 얼핏 연한 노란색으로 보이기도 하지요. 대서양낫돌고래의 전체적인 몸 색깔은 등 부분이 검은색이나 짙은 잿빛을 띠고, 배 부분은 흰색입니다. 몸길이는 2.5~2.8미터쯤 되지요. 몸무게는 200~280킬로그램이고요. 대개 수컷의 몸집이 암컷보다 조금 큰 편입니다.

대서양낫돌고래는 보통 6~12년 성장한 뒤 번식기에 접어듭니다. 암컷은 2~3년에 한 번씩 약 11개월의 임신 기간을 거쳐 1마리의 새끼를 낳지요. 그리고 18개월 정도 젖을 먹여 새끼를 키웁니다. 평균 수명은 22~27년으로 알려져 있지요.

흰부리돌고래

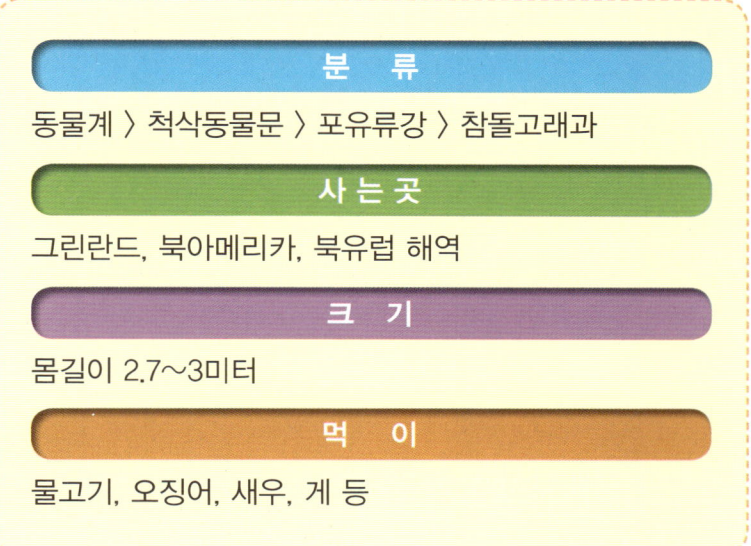

분 류
동물계 > 척삭동물문 > 포유류강 > 참돌고래과

사 는 곳
그린란드, 북아메리카, 북유럽 해역

크 기
몸길이 2.7~3미터

먹 이
물고기, 오징어, 새우, 게 등

　낫돌고래속에 속하는 고래 중 몸집이 가장 큰 종입니다. 갓 태어났을 때의 몸길이는 1미터가 조금 넘고, 성체가 되면 2.7~3미터 정도 되지요. 몸무게는 300킬로그램이 훌쩍 넘고요. 흰부리돌고래는 그린란드, 북아메리카, 북유럽 해역에 분포합니다. 열대 바다보다는 상대적으로 수온이 낮은 바다를 좋아하지요. 주로 2~10마리가 무리지어 다니며 물고기, 오징어, 새우, 게 등을 잡아먹습니다.

　흰부리돌고래는 이름에서 알 수 있듯 흰색의 짧은 주둥이가 눈길을 끕니다. 전체적인 몸 색깔은 등 부분이 검은색이고, 배 부분은 흰색이지요. 그러니까 검은색 바탕에 배와 주둥이를 중심으로 흰색을 띠는데, 잘 발달된 등지느러미 양쪽으로도 기다란 흰색 줄무늬가 보입니다. 또한 흰부리돌고래의 몸은 통통하면서 매끈하고, 유선형이라 헤엄을 치기에 안성맞춤이지요. 암컷은 2~3년에 한 번씩, 한배에 1마리의 새끼를 낳습니다.

31 낫돌고래

분류
동물계 〉 척삭동물문 〉 포유류강 〉 참돌고래과

사는곳
북태평양

크기
몸길이 1.8~2.5미터

먹이
정어리, 멸치, 청어, 연어, 오징어 등

'곱등어', '흰줄무늬돌고래'라고도 합니다. 낫돌고래라는 이름은 등지느러미가 낫과 비슷하다고 해서 붙여졌습니다. 주로 북태평양에 분포하지요.

낫돌고래는 통통한 몸에 짧고 두툼한 주둥이를 가졌습니다. 등지느러미가 발달했으며, 입 안에는 가늘고 뾰족한 30쌍 안팎의 이빨이 위아래 턱에 솟아 있지요. 성체의 몸길이는 1.8~2.5미터, 몸무게는 120~200킬로그램 정도입니다. 몸 색깔은 등 부분이 검은색에 가까운 잿빛이고, 배 부분은 흰색을 띠지요.

낫돌고래는 보통 수십 마리씩 무리지어 다니는데, 이따금 수백에서 수천 마리씩 집단을 이루기도 합니다. 평소 매우 활발한 움직임을 보여 다른 종류의 고래들과도 스스럼없이 어울리지요. 주요 먹이는 정어리, 멸치, 청어, 연어 같은 물고기와 오징어 등입니다. 암컷은 2~3년에 한 번씩 10~12개월의 임신 기간을 거쳐 1마리의 새끼를 낳습니다. 평균 수명은 40년 안팎으로 알려져 있지요.

32 홀쭉이돌고래

분 류
동물계 〉 척삭동물문 〉 포유류강 〉 참돌고래과

사 는 곳
북태평양

크 기
몸길이 2.3~3.1미터

먹 이
작은 물고기, 오징어 등

'고추돌고래'라고도 합니다. 몸이 가늘고 긴 형태의 소형 고래지요. 주둥이가 짧고, 등지느러미가 없으며, 가슴지느러미와 꼬리지느러미가 작습니다. 몸 색깔은 전체적으로 검은색인데, 목에서부터 꼬리지느러미까지 흰색의 가늘고 긴 줄무늬가 이어져 있지요. 성체의 몸길이는 2.3~3.1미터, 몸무게는 100킬로그램 안팎입니다.

홀쭉이돌고래는 주로 북태평양에 분포합니다. 일부 개체는 인도양과 대서양에도 서식하지요. 보통 100~200마리씩 무리 지어 다니며 활발히 먹이 활동을 합니다. 주요 먹이는 작은 물고기와 오징어 등이지요. 홀쭉이돌고래는 흔히 낫돌고래 무리에 섞여 있는 모습이 보이기도 합니다. 그런 경우에는 은근슬쩍 자신들의 세력을 강조하는 과장된 행동을 펼치기도 하지요. 원래 개체 수가 꽤 많은 고래였는데, 최근에는 무분별한 포획으로 보호의 필요성이 커지고 있습니다.

흰배돌고래

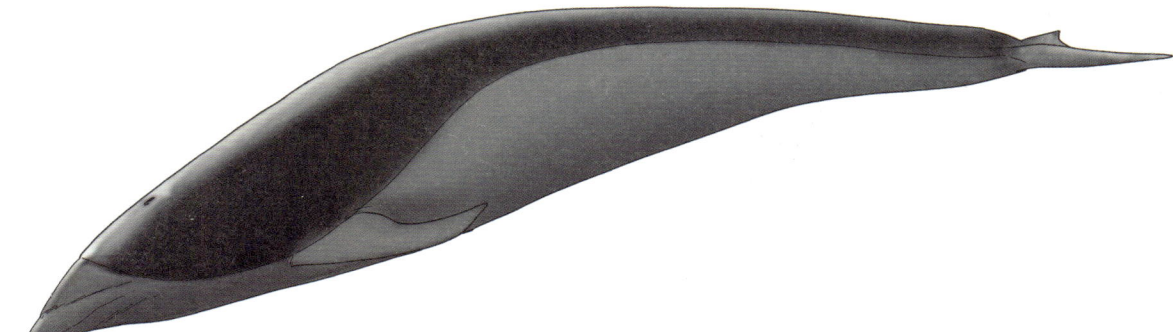

분 류
동물계 〉 척삭동물문 〉 포유류강 〉 참돌고래과

사 는 곳
아프리카 남부, 남아메리카, 뉴질랜드 해역 등

크 기
몸길이 1.8~2.5미터

먹 이
작은 물고기, 오징어, 문어, 새우 등

'남방고추돌고래'라고도 합니다. 아프리카 남부, 남아메리카, 뉴질랜드 해역 등에 분포하지요. 남반구에는 여러 종류의 돌고래가 사는데, 그 중 유일하게 등지느러미가 없습니다. 몸 색깔은 등 부분이 검은색이고, 배 부분은 흰색에 가깝지요. 등 쪽과 배 쪽의 색깔 경계가 뚜렷합니다. 또한 성체의 몸길이는 1.8~2.5미터 정도지요.

흰배돌고래는 보통 수십 마리씩 무리지어 생활합니다. 물속에서 움직임이 빨라 시속 40킬로미터가 넘는 속도로 헤엄칠 수 있지요. 주요 먹이는 작은 물고기와 오징어, 문어, 새우 등입니다. 암컷은 2~3년에 한 번씩 약 12개월의 임신 기간을 거쳐 1마리의 새끼를 낳습니다. 평균 수명은 40년 안팎으로 알려져 있지요.

34 이라와디돌고래

분류
동물계 > 척삭동물문 > 포유류강 > 강거두고래과

사는곳
인도양과 오스트레일리아 해역, 인도차이나의 하천 등

크기
몸길이 2~2.8미터

먹이
물고기, 새우, 게, 조개 등

'웃는 돌고래'라는 별명을 갖고 있습니다. 엄연한 바다 돌고래지만, 민물에도 서식하지요. 주로 인도양과 오스트레일리아 해역, 인도차이나 지역의 하천 등에 분포합니다. 옛날에는 메콩 강에만 해도 수천 마리가 살았는데, 지금은 무분별한 남획으로 그 모습을 찾아보기 어렵습니다.

이라와디돌고래는 '강거두고래'라고도 합니다. 몸길이 2~2.8미터, 몸무게는 100킬로그램 안팎이지요. 몸 색깔은 등 부분이 푸른빛을 띠는 검은색이고, 배 부분은 흰색에 가깝습니다. 몸 색깔의 경계가 뚜렷한 편은 아니지요. 또한 볼록한 형태의 머리에 주둥이가 도드라지지 않고, 작은 등지느러미를 가졌습니다. 가슴지느러미는 등지느러미보다 약간 크고요.

이라와디돌고래는 대개 10마리 안쪽의 개체가 무리지어 생활합니다. 물속을 느리게 헤엄쳐 다니면서 물고기와 새우, 게, 조개 등을 잡아먹지요. 암컷은 2~3년에 한 번씩 약 14개월의 임신 기간을 거쳐 1마리의 새끼를 낳습니다.

범고래

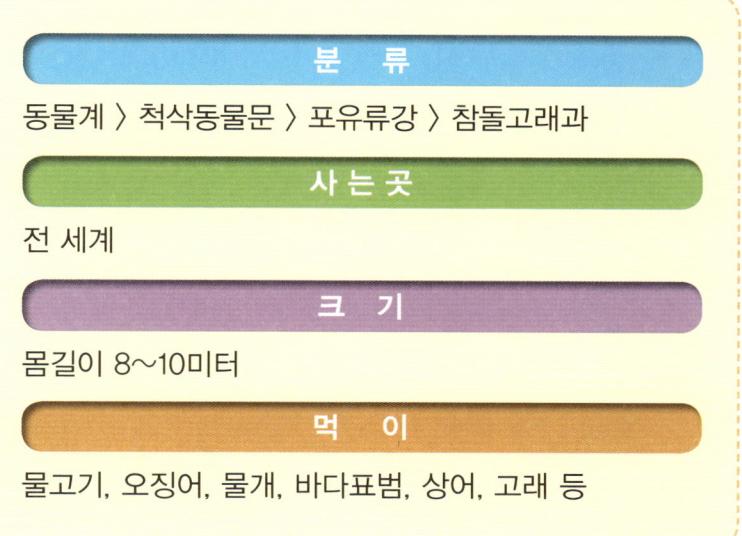

분류
동물계 > 척삭동물문 > 포유류강 > 참돌고래과

사는곳
전 세계

크기
몸길이 8~10미터

먹이
물고기, 오징어, 물개, 바다표범, 상어, 고래 등

　'흰줄박이돌고래'라고도 합니다. 바다를 지배하는 최고의 포식자라고 할 수 있지요. 범고래는 힘이 강할 뿐만 아니라 지능도 뛰어납니다. 평소에는 물고기와 오징어 등을 먹이로 삼지만, 이따금 다른 종류의 고래와 상어까지 잡아먹지요. 큰 입과 튼튼한 이빨을 가져 가능한 일인데, 그 덕분에 '킬러 고래'라는 별명을 얻게 됐습니다.

　범고래는 전 세계 바다에 폭넓게 분포합니다. 몸길이 8~10미터, 몸무게는 5~10톤에 달하지요. 대개 수컷이 암컷보다 좀 더 커다랗습니다. 몸 색깔은 등 부분이 검은색이고, 배 부분은 흰색이지요. 옆구리와 눈 주위에도 하얀 무늬가 있고요. 또한 범고래는 등 위로 높게 솟아오른 등지느러미가 눈에 띕니다. 그 높이가 1미터 안팎에 이르지요. 주둥이는 짧고, 가슴지느러미는 등지느러미와 달리 둥근 형태입니다.

　범고래는 몸집이 큰데도 시속 50킬로미터가 넘을 만큼 헤엄치는 속도가 빠릅니다. 대부분 수십 마리씩 무리지어 생활하는데, 암컷은 보통 3년에 한 번씩 1마리의 새끼를 낳지요. 그리고 1년 정도 젖을 먹여 새끼를 키웁니다.

범고래붙이

분류
동물계 〉 척삭동물문 〉 포유류강 〉 참돌고래과

사는곳
전 세계의 따뜻한 바다

크기
몸길이 4.5~6미터

먹이
물고기, 오징어, 작은 고래 등

 '흑범고래'라고도 합니다. 몸 색깔이 전체적으로 검은색을 띠기 때문에 붙은 이름이지요. 몸길이는 4.5~6미터 정도입니다. 몸무게는 1~1.8톤에 이르고요. 머리가 둥글고 약간 튀어나온 모습인데, 주둥이는 이렇다 하게 돌출되어 있지 않습니다. 그 밖에 가운데가 꺾인 듯한 가슴지느러미의 형태가 독특하고, 낫 모양의 작은 등지느러미를 가졌지요.

 범고래붙이는 전 세계의 따뜻한 바다에 널리 분포합니다. 극지방과 가까워 수온이 낮은 바다에는 서식하지 않지요. 보통 수십에서 수백 마리씩 무리지어 생활하며 물고기와 오징어 등을 잡아먹습니다. 그리고 종종 작은 고래 종류를 사냥하기도 하지요.

 범고래붙이는 몸집에 비해 빠른 속도로 바닷속을 헤엄쳐 다닙니다. 지능도 꽤 높은 것으로 알려져 있지요. 번식에 관한 생태는 정확히 밝혀진 내용이 없지만, 흔히 암컷은 5년 안팎의 간격을 두고 15~16개월의 임신 기간을 거쳐 1마리의 새끼를 낳는다고 합니다. 평균 수명은 50~60년입니다.

37 고양이고래

분류
동물계 > 척삭동물문 > 포유류강 > 참돌고래과

사 는 곳
전 세계의 따뜻한 바다

크 기
몸길이 2.3~2.8미터

먹 이
물고기, 오징어 등

　우리나라 남해를 비롯해 전 세계의 따뜻한 바다에 분포합니다. 몸길이 2.3~2.8미터, 몸무게는 160킬로그램 안팎이지요. 몸 색깔은 전체적으로 짙은 잿빛이나 검은색을 띠는데, 배 쪽 일부와 입술 주위는 하얗습니다. 그 밖에 낫 모양의 등지느러미와 끝이 뾰족한 가슴지느러미도 눈길을 끌지요. 위아래 턱에는 작고 가는 이빨이 20쌍 남짓 나 있습니다.

　고양이고래는 보통 수백 마리에서, 많게는 1천 마리 이상 집단을 이루어 생활합니다. 그만큼 사회성이 발달한 것이지요. 심지어 다른 종의 고래들과 어울려 함께 헤엄쳐 다니는 경우도 적지 않습니다. 그러면서 작은 물고기와 오징어 등을 즐겨 잡아먹지요. 암컷은 2~4년의 간격을 두고 번식하는데, 12개월 안팎의 임신 기간을 거쳐 보통 1마리의 새끼를 낳습니다. 평균 수명은 20~30년으로 알려져 있지요.

38 꼬마돌고래

분 류
동물계 〉 척삭동물문 〉 포유류강 〉 참돌고래과

사 는 곳
중앙아메리카와 남아메리카 해안, 아마존강 등

크 기
몸길이 1.3~2.1미터

먹 이
바다와 민물의 물고기, 오징어, 새우 등

'투쿠시'라고도 합니다. 얼핏 병코돌고래 종류와 닮아 보이지만 몸집이 조금 작지요. 몸길이가 1.3~2.1미터 정도입니다. 몸무게는 30~40킬로그램이고요. 꼬마돌고래는 주로 중앙아메리카와 남아메리카 해안에 분포합니다. 아울러 아마존강에 서식하는 개체도 적지 않지요. 일반적으로 바다에 사는 개체의 몸집이 강에 사는 개체보다 큰 경우가 많습니다. 몸 색깔은 등 부분이 푸른빛이 도는 회색이고, 배 부분은 흰색이지요. 일부 개체는 배 쪽의 색깔이 연분홍빛을 띠기도 합니다.

꼬마돌고래는 대개 10~30마리 정도가 무리지어 생활합니다. 몸놀림이 날래고 활동적이라서 종종 물 위로 뛰어올라 공중제비를 돌기도 하지요. 주요 먹이는 바다와 민물의 물고기를 비롯해 오징어, 새우 등입니다. 번식기의 암컷은 11~12개월의 임신 기간을 거쳐 보통 1마리의 새끼를 낳지요. 평균 수명은 30년 정도입니다.

39 혹등돌고래

분류
동물계 〉 척삭동물문 〉 포유류강 〉 참돌고래과

사는곳
대서양, 인도양, 태평양

크기
몸길이 2~2.5미터

먹이
물고기, 오징어, 새우 등

　흔히 '대서양혹등돌고래', '인도혹등돌고래', '오스트레일리아혹등돌고래' 등을 아울러 일컫습니다. 그러므로 대서양, 인도양, 태평양에 두루 분포한다고 말할 수 있지요. 몸길이 2~2.5미터, 몸무게 150~200킬로그램 정도 되는 고래입니다. 몸 색깔은 대부분 등 부분이 짙은 회색이고, 배 부분은 밝은 회색을 띠지요.

　혹등돌고래의 특징이라면 무엇보다 먼저 등 가운데 솟은 혹 같은 돌기를 손꼽을 수 있습니다. 그 밖에 둥근 머리와 길고 뾰족한 형태의 주둥이도 눈길을 끌지요. 혹등돌고래는 대개 5~7마리가 무리지어 생활하지만, 때로는 그 규모가 수십 마리로 불어나기도 합니다. 주요 먹이는 물고기와 오징어, 새우 등이지요. 종종 강에도 모습을 드러낼 때가 있는데, 바다와 완전히 분리되어 서식하는지는 밝혀지지 않았습니다. 그 밖에 다른 생태에 관해서도 아직 연구할 것이 많은 종입니다.

40 알락돌고래

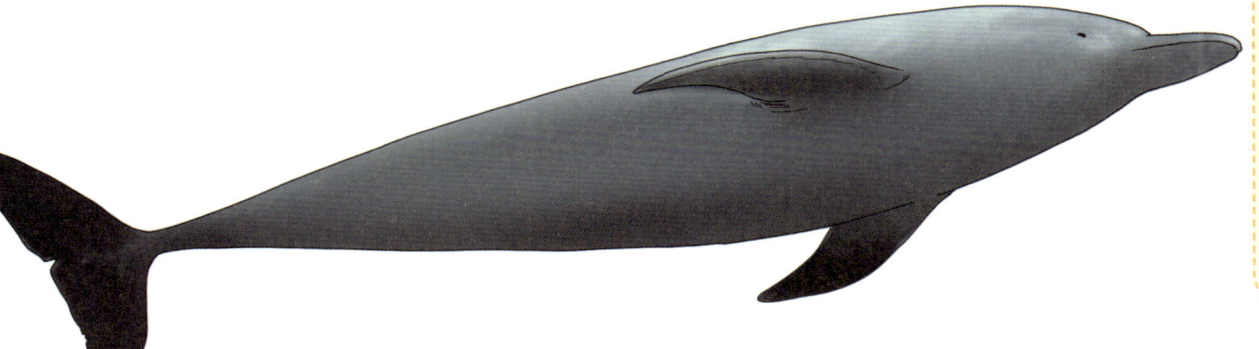

분류
동물계 > 척삭동물문 > 포유류강 > 참돌고래과

사 는 곳
태평양, 대서양, 인도양

크 기
몸길이 2~2.3미터

먹 이
청어, 날치, 꽁치, 오징어 등

태평양, 대서양, 인도양의 따뜻한 바다에 널리 분포합니다. 이름에서 짐작되듯, 몸에 반점이 나타나는 특징이 있지요. 알락돌고래의 몸 색깔은 등 부분이 짙은 잿빛이나 검은색, 배 부분이 옅은 회색을 띱니다. 그리고 등 쪽에는 흰색 반점이, 배 쪽에는 검은색 반점이 보이지요. 개체마다 반점의 수와 모양이 다릅니다. 그 밖에 주둥이가 좁고 길며, 폭이 넓지 않은 낫 모양의 등지느러미를 가졌습니다.

알락돌고래는 몸길이가 2~2.3미터, 몸무게는 100킬로그램 안팎입니다. 대개 암컷의 몸집이 수컷보다 크지요. 흔히 수십 또는 수백 마리씩 무리지어 생활하면서 청어, 날치, 꽁치 같은 물고기와 오징어 등을 잡아먹고 삽니다. 번식기의 암컷은 11~12개월의 임신 기간을 거쳐 1마리의 새끼를 낳지요. 성체와 달리 새끼의 몸에는 반점이 없습니다. 평균 수명은 50년 안팎입니다.

41 스피너돌고래

분 류
동물계 > 척삭동물문 > 포유류강 > 참돌고래과

사는곳
전 세계 열대와 아열대 바다

크 기
몸길이 1.2~2미터

먹 이
물고기, 오징어, 새우 등

'긴부리돌고래'라고도 합니다. 전 세계 열대와 아열대 바다에 분포하지요. 남북으로 위도 40도 이상에는 잘 서식하지 않습니다. 몸 색깔은 어두운 회색을 띠는데, 배 쪽으로 내려갈수록 점점 흰색에 가까워지지요. 몸길이는 1.2~2미터 정도입니다. 몸무게는 65~80킬로그램이고요. 또한 머리는 작고 둥글며, 주둥이가 갸름하고, 등 가운데에 삼각형 모양의 등지느러미가 솟아 있습니다.

스피너돌고래는 수십, 수백 마리가 떼 지어 다니며 주로 밤에 먹이 활동을 합니다. 작은 물고기를 비롯해 오징어, 새우 등을 즐겨 잡아먹지요. 그 모습이 연안에서 관찰되기도 하지만, 먹이 활동은 대부분 수심이 깊은 먼 바다에서 합니다. 암컷은 2~3년에 한 번씩 약 11개월의 임신 기간을 거쳐 1마리의 새끼를 낳지요.

42 줄무늬돌고래

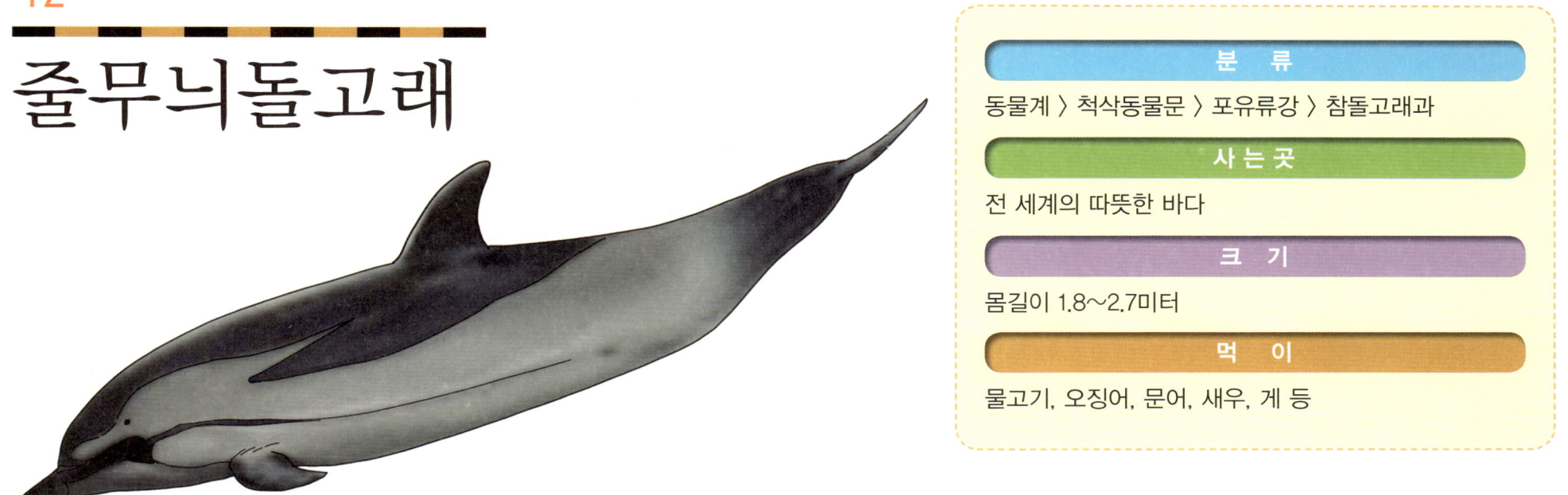

분 류
동물계 > 척삭동물문 > 포유류강 > 참돌고래과

사는곳
전 세계의 따뜻한 바다

크 기
몸길이 1.8~2.7미터

먹 이
물고기, 오징어, 문어, 새우, 게 등

전 세계의 따뜻한 바다에 널리 분포하는 고래입니다. 옆구리에 푸른색, 흰색, 밝은 회색의 줄무늬가 있어 지금의 이름으로 불리게 됐지요. 등 부분의 몸 색깔은 짙은 잿빛에 가깝습니다. 목과 배 부분은 하얗고요. 줄무늬돌고래의 몸길이는 1.8~2.7미터입니다. 몸무게는 90~160킬로그램 정도지요. 또한 둥근 머리에 돌출된 주둥이, 낫 모양의 등지느러미, 끝이 날렵한 가슴지느러미를 가졌습니다.

줄무늬돌고래는 무리를 짓는 습성이 강해 수십에서 수백 마리씩 떼를 지어 생활합니다. 주요 먹이는 물고기, 오징어, 문어, 새우, 게 등이지요. 암컷은 4년 정도에 한 번씩 번식하는데, 12~13개월의 임신 기간을 거쳐 한배에 1마리의 새끼를 낳습니다. 평균 수명은 50년 남짓 되는 것으로 알려져 있습니다.

뱀머리돌고래

분 류
동물계 > 척삭동물문 > 포유류강 > 참돌고래과

사 는 곳
전 세계의 열대와 아열대 바다

크 기
몸길이 2.2~2.9미터

먹 이
물고기, 오징어, 새우 등

　1823년 프랑스 동물학자 조르주 퀴비에가 지금의 이름을 붙여주었습니다. 머리 모양의 일부가 파충류인 도마뱀 머리와 비슷하다고 보았기 때문이지요. 몸 색깔은 등 부분이 짙은 잿빛이나 검은색이며, 목과 배 부분은 흰색에 가깝습니다. 또한 온몸에 누르스름한 반점이 흩어져 있는 것이 눈에 띄는 특징이지요. 그 밖에 낫 모양의 등지느러미가 발달했고, 위아래 턱에 20~27쌍의 큰 이빨이 나 있습니다. 특이하게 이빨에는 주름처럼 보이는 홈이 파여 있지요.

　뱀머리돌고래는 보통 10~30마리 정도가 무리지어 생활합니다. 종종 수면 부근에서 미끄러지듯 헤엄치며 물고기, 오징어, 새우 등을 잡아먹지요. 주로 전 세계의 열대와 아열대 바다에 널리 분포하는데, 연안보다는 깊은 바다에 서식합니다. 따라서 접근이 쉽지 않아 구체적인 생태를 연구하는 데 어려움이 있지요. 몸길이는 2.2~2.9미터 정도입니다. 몸무게는 100~150킬로그램이고요.

44 큰돌고래

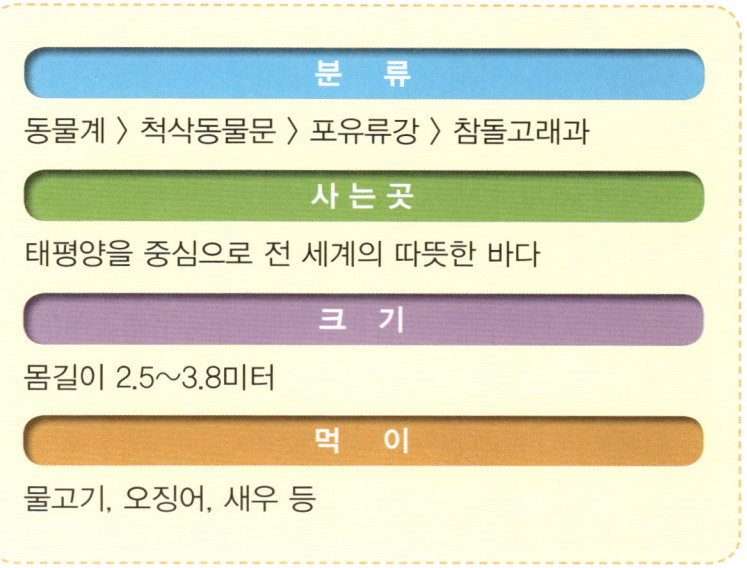

분 류
동물계 > 척삭동물문 > 포유류강 > 참돌고래과

사 는 곳
태평양을 중심으로 전 세계의 따뜻한 바다

크 기
몸길이 2.5~3.8미터

먹 이
물고기, 오징어, 새우 등

'태평양돌고래', '병코돌고래'라고도 합니다. 돌고래 종류 가운데 몸집이 가장 크지요. 몸길이 2.5~3.8미터, 몸무게는 250~380킬로그램 정도입니다. 통통한 몸에 둥근 머리, 길고 두툼한 주둥이, 동그란 눈과 낫 모양의 등지느러미를 가졌지요. 우리가 흔히 '돌고래' 하면 떠올리는 바로 그 모습입니다. 몸 색깔은 등 부분이 짙은 회색이고, 배 부분은 흰색에 가깝습니다.

큰돌고래는 태평양을 중심으로 전 세계의 따뜻한 바다에 두루 분포합니다. 육지에서 멀지 않은 연안에 주로 서식하지요. 보통 20마리 이하로 무리지어 다니면서 물고기, 오징어, 새우 등을 잡아먹습니다. 큰돌고래는 몸에서 다양한 주파음을 발생시켜 서로 의사소통을 하는 것으로 알려져 있지요. 암컷은 3~6년에 한 번씩 약 12개월의 임신 기간을 거쳐 1마리의 새끼를 낳습니다. 평균 수명은 대부분 20~30년입니다.

큰돌고래는 인간과도 매우 친밀한 동물입니다. 오랜 세월 수족관에 전시되거나 돌고래 쇼에 이용되었으며, 심지어 군사 작전에 동원되기도 했지요.

45 남방큰돌고래

분류
동물계 > 척삭동물문 > 포유류강 > 참돌고래과

사는곳
인도양, 서태평양, 홍해 등

크기
몸길이 2.2~3.3미터

먹이
물고기, 오징어, 새우 등

　1998년부터 큰돌고래와 별개의 종으로 인정받았습니다. 큰돌고래에 비해 몸집은 조금 작지만 주둥이가 더 길지요. 이빨의 수도 큰돌고래보다 2~5쌍이 많습니다. 남방돌고래의 몸길이는 2.2~3.3미터, 몸무게는 220~320킬로그램 정도입니다. 몸 색깔은 큰돌고래와 비슷해 등 부분이 짙은 회색이고, 배 부분은 흰색에 가깝지요.

　남방큰돌고래는 주로 인도양과 서태평양, 홍해 등에 분포합니다. 보통 10마리 안팎으로 무리지어 다니며 물고기와 오징어, 새우 등을 즐겨 잡아먹습니다. 암컷은 4~6년 간격으로 번식하는데, 약 12개월의 임신 기간을 거쳐 1마리의 새끼를 낳지요. 새끼는 3년 넘게 어미와 동행하면서 먹이 활동 방법 등을 배웁니다.

　현재 남방큰돌고래는 국제자연보존연맹에서 멸종 위기 종으로 지정했습니다. 얼마 전에 우리나라 제주도 연안에도 100여 마리가 서식하는 것으로 알려졌는데, 각별히 주의를 기울여 잘 보호할 필요가 있습니다.

46 양쯔강돌고래

분류
동물계 > 척삭동물문 > 포유류강 > 강돌고래과

사는곳
중국 양쯔강

크기
몸길이 2.2~2.5미터

먹이
물고기 등

중국 양쯔강에만 서식하는 강돌고래의 일종입니다. 한때 중국 정부에서 멸종했다고 알렸으나, 아직 수십 마리 정도는 생존해 있을 것으로 추측하지요. 만약 멸종이 확인된다면 인간 때문에 지구상에서 사라진 최초의 고래목 동물이라고 할 수 있습니다.

양쯔강돌고래는 몸길이가 2.2~2.5미터 정도입니다. 몸무게는 200킬로그램 안팎으로, 300킬로그램이 훌쩍 넘는 개체도 있지요. 몸 색깔은 등 부분이 푸른빛을 띠는 회색이며, 배 부분은 흰색에 가깝습니다. 무엇보다 가늘고 기다란 형태의 주둥이가 위로 약간 들린 것이 눈에 띄는 특징이지요. 또한 눈이 거의 퇴화해 초음파를 이용한 먹이 활동을 합니다. 이빨은 위아래 턱에 30~36쌍이 나 있고요.

양쯔강돌고래의 주요 먹이는 양쯔강에 서식하는 물고기입니다. 대개 2~7마리가 무리지어 생활하지요. 암컷은 3~4년에 한 번씩 10~11개월의 임신 기간을 거쳐 1마리의 새끼를 낳습니다.

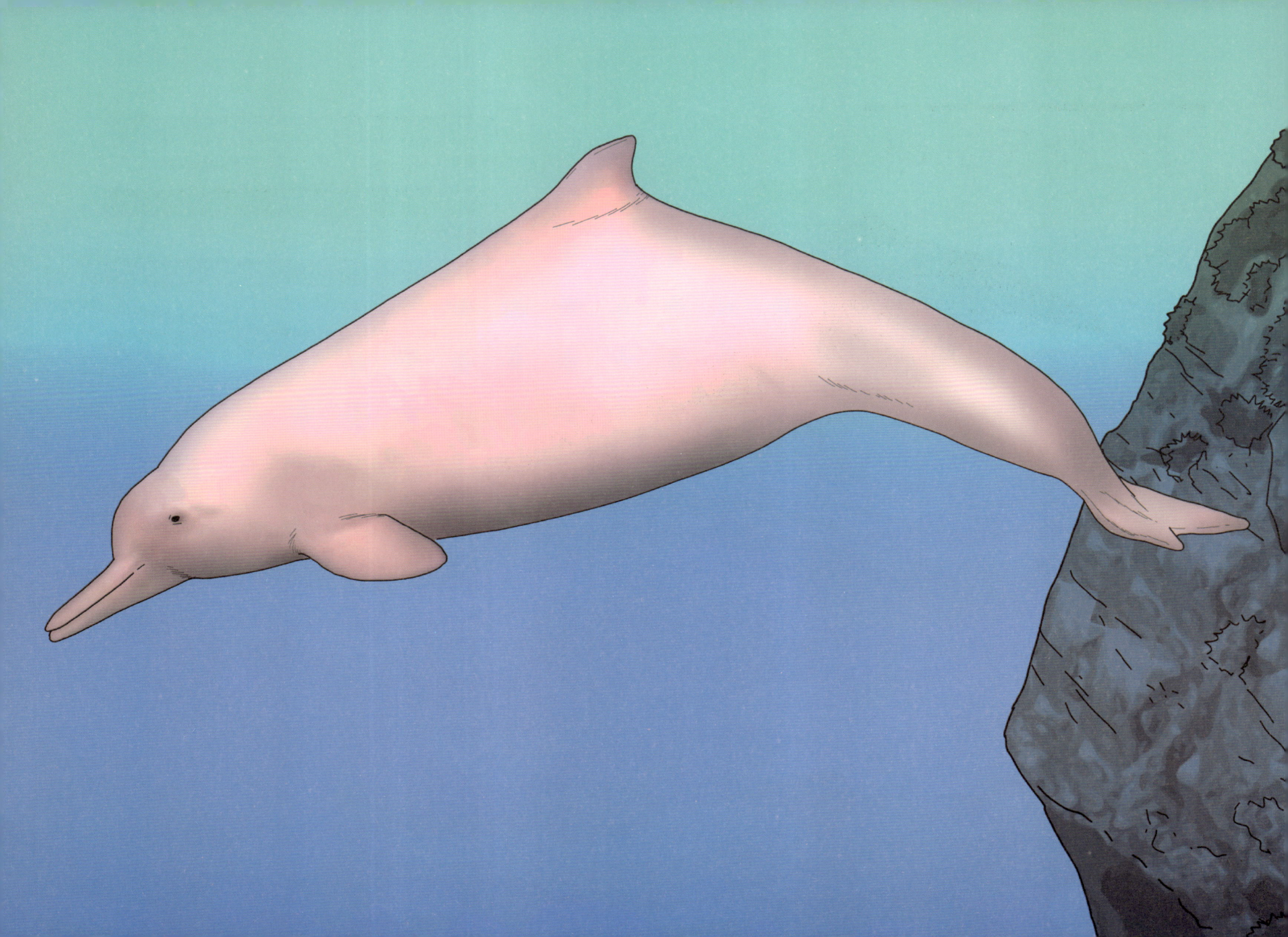

47 아마존강돌고래

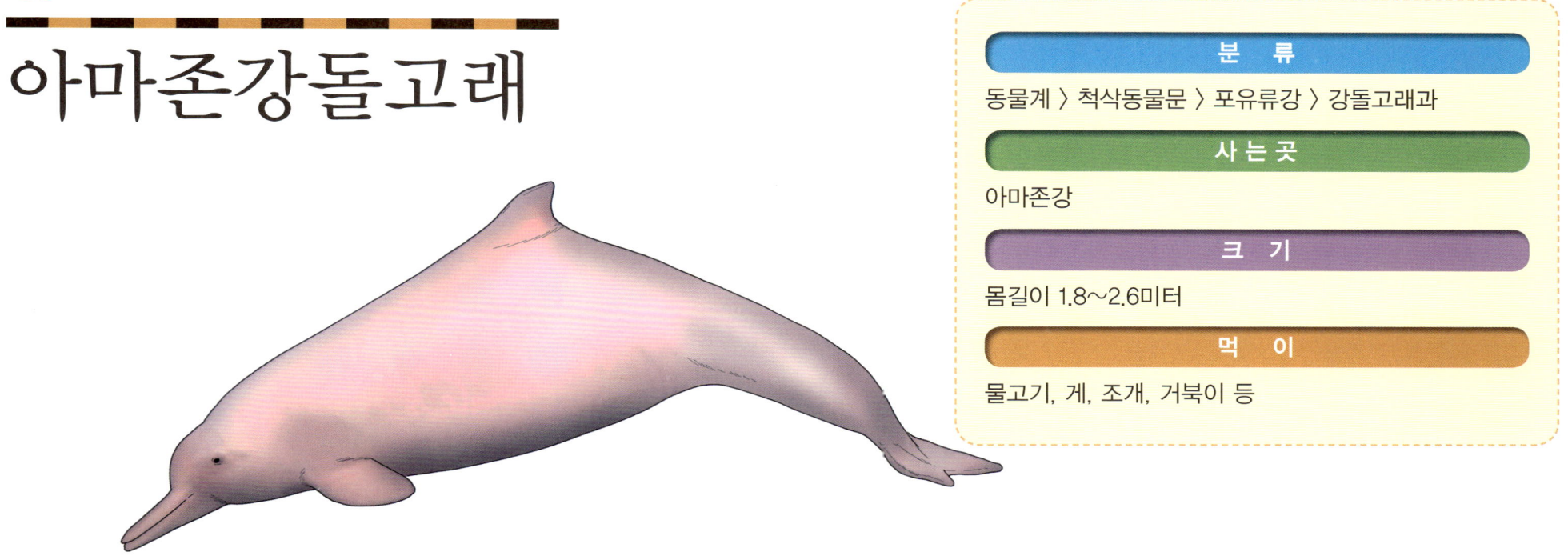

분 류
동물계 〉 척삭동물문 〉 포유류강 〉 강돌고래과

사는곳
아마존강

크 기
몸길이 1.8~2.6미터

먹 이
물고기, 게, 조개, 거북이 등

　'분홍강돌고래'라고도 합니다. 아마존강에만 분포하는데, 강돌고래 중에서 몸집이 가장 크지요. 아마존강에 사는 또 다른 고래인 꼬마돌고래(투쿠시)와는 분명히 구별됩니다. 아마존강돌고래는 몸길이가 1.8~2.6미터지요. 몸무게는 90~160킬로그램이고요. 몸 색깔은 등 부분이 푸른빛을 띠는 회색이고, 배 부분은 분홍빛을 보입니다. 이따금 몸 전체가 분홍빛을 띠는 개체가 발견되기도 하지요.

　또한 아마존강돌고래는 눈이 매우 작으면서도 시력이 좋은 특징이 있습니다. 목이 90도 가까이 꺾일 만큼 유연하고, 둥근 머리에 기다란 주둥이를 가졌지요. 아울러 등지느러미가 없으며, 꼬리지느러미는 넓적하게 퍼진 형태입니다. 아마존강돌고래는 주로 아마존강에 사는 다양한 물고기와 게, 조개, 거북이 등을 먹고 삽니다. 대부분 단독 생활을 하지만, 소규모로 무리를 짓는 경우도 있지요. 암컷은 2~3년에 한번씩 10~11개월의 임신 기간을 거쳐 1마리의 새끼를 낳습니다. 그리고 1년 이상 젖을 먹여 새끼를 키웁니다.

48 상괭이

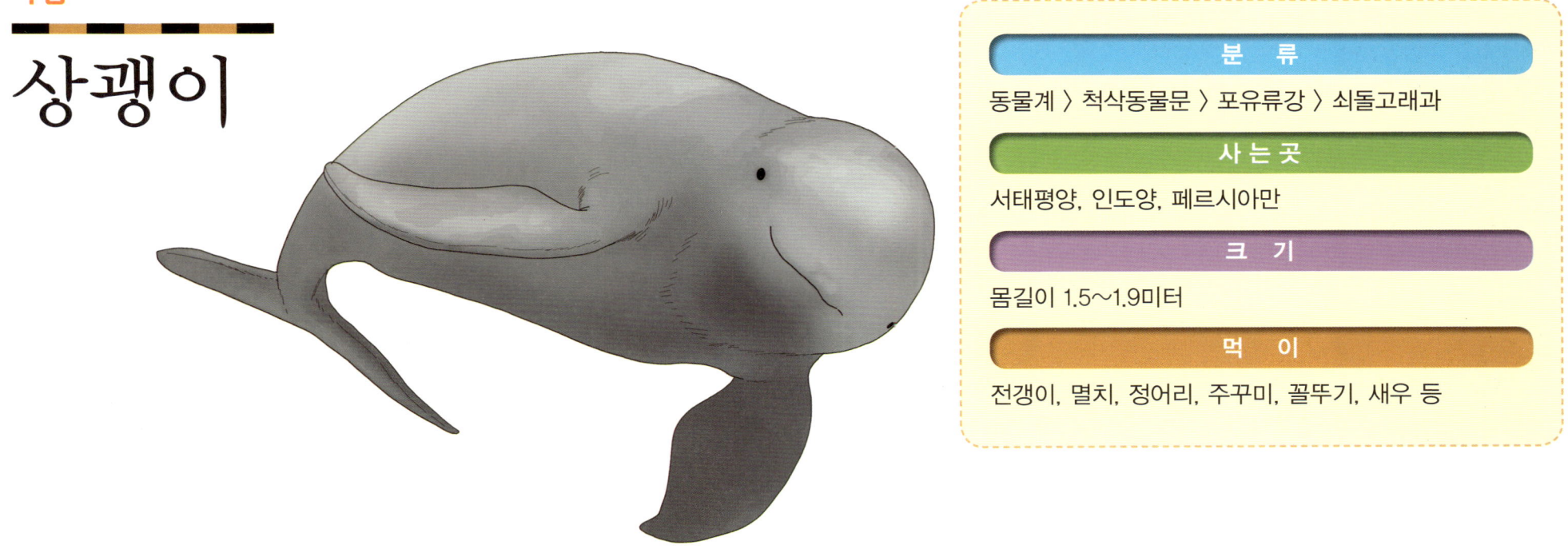

분류
동물계 > 척삭동물문 > 포유류강 > 쇠돌고래과

사는곳
서태평양, 인도양, 페르시아만

크기
몸길이 1.5~1.9미터

먹이
전갱이, 멸치, 정어리, 주꾸미, 꼴뚜기, 새우 등

　'쇠물돼지'라고도 합니다. 얼굴 모습이 마치 미소를 지은 것 같아 '웃는 고래'라는 별명으로 불리기도 하지요. 서태평양과 인도양, 페르시아만까지 폭넓게 분포합니다. 대개 2~3마리씩 무리를 이루어 수심이 얕은 연안에 서식하지요. 이따금 육지의 하천으로 올라온 모습이 발견되기도 합니다.

　상괭이는 튀어나온 주둥이가 없고, 둥근 앞머리 부분이 입과 직각을 이루고 있는 독특한 모습입니다. 아담하게 발달한 가슴지느러미, 꼬리지느러미와 달리 등지느러미는 없지요. 상괭이의 몸길이는 1.5~1.9미터입니다. 몸 색깔은 전체적으로 회백색을 띠고요. 주요 먹이는 전갱이, 멸치, 정어리, 주꾸미, 꼴뚜기, 새우 등입니다.

　현재 상괭이는 국제적 멸종 위기 종으로 지정되어 있습니다. 우리나라 연안에서도 해마다 1천 마리 정도가 우연히 그물에 걸려 죽거나 불법으로 포획되고 있지요. 이대로 가다 보면 머지않아 상괭이라는 존재가 사람들 곁에서 영영 사라질지 모릅니다.

49 쥐돌고래

분 류
동물계 > 척삭동물문 > 포유류강 > 쇠돌고래과

사 는 곳
북반구의 태평양과 대서양

크 기
몸길이 1.5~2미터

먹 이
꽁치, 청어, 대구, 오징어, 새우, 게 등

'쇠돌고래', '작은곱등돌고래'라고도 합니다. 북반구의 태평양과 대서양에 분포하지요. 몸길이 1.5~2미터, 몸무게 45~80킬로그램까지 성장합니다. 머리가 둥글고 주둥이가 거의 튀어나와 있지 않으며, 등지느러미의 높이가 낮습니다. 가슴지느러미는 작고, 위아래 턱에 19~28쌍의 주걱 모양 이빨이 나 있지요. 몸 색깔은 등 부분이 검은색이나 잿빛, 배 부분은 흰색을 띱니다.

쥐돌고래는 보통 10마리 이하의 개체가 무리를 이루어 생활합니다. 주요 먹이는 꽁치, 청어, 대구, 오징어, 새우, 게 등이지요. 여느 돌고래류와 달리 사람들의 눈에 띄는 행동은 별로 하지 않는다고 합니다. 암컷은 보통 2~3년의 간격을 두고 번식하는데, 약 11개월의 임신 기간을 거쳐 1마리의 새끼를 낳지요. 다른 고래목 동물들보다 평균 수명이 조금 짧아 10~20년쯤 사는 것으로 알려져 있습니다.

50 까치돌고래

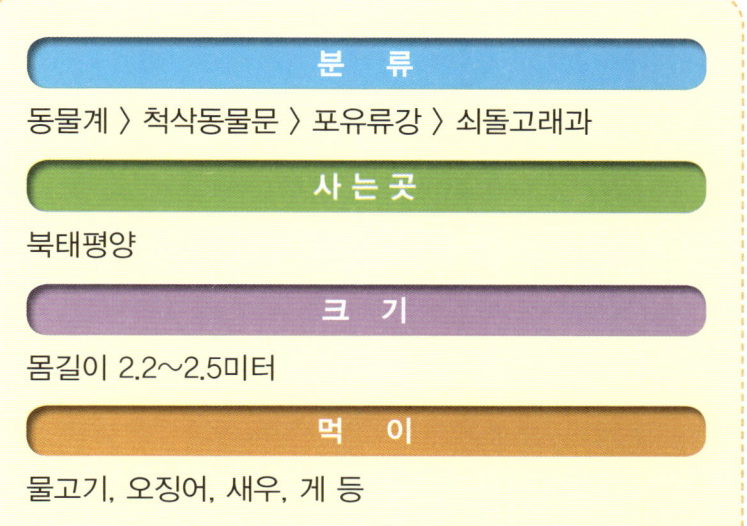

분 류
동물계 > 척삭동물문 > 포유류강 > 쇠돌고래과

사는 곳
북태평양

크 기
몸길이 2.2~2.5미터

먹 이
물고기, 오징어, 새우, 게 등

'작은곱등어'라고도 합니다. 북태평양을 중심으로 한 연안에 주로 분포하지요. 통통한 몸에 짧고 뭉툭한 주둥이, 밑면이 넓은 등지느러미와 작은 가슴지느러미를 가졌습니다. 몸 색깔은 전체적으로 검은색이지만, 옆구리와 배를 비롯해 등지느러미와 꼬리지느러미의 가장자리는 흰색을 띱니다. 몸길이는 2.2~2.5미터, 몸무게는 130~200킬로그램 정도지요.

까치돌고래는 헤엄을 치는 속도가 매우 빠르다고 합니다. 시속 40킬로미터가 넘지요. 보통 10마리가 넘지 않게 무리를 이루어 생활하는데, 가끔은 수백 마리씩 떼 지어 이동하는 장관을 연출하기도 합니다. 주요 먹이는 물고기, 오징어, 새우, 게 등입니다. 암컷은 2~3년에 한 번씩 10~11개월의 임신 기간을 거쳐 1마리의 새끼를 낳지요. 갓 태어난 새끼의 몸길이도 1미터 안팎에 이릅니다. 평균 수명은 15~20년으로 알려져 있습니다.